CCIAC 中国电石工业协会

Calcium Carbide Industry Association of China

中国电石工业协会(Calcium Carbide Industry Association of China)缩写CCIAC，是由电石、溶解乙炔、石灰氮等下游产品生产企业及相关单位自愿结成的全国性的非营利性行业社会组织。协会于1992年经民政部核准成立，协会的主要任务是，以行业发展为宗旨，对内联合行业力量，对外代表中国电石行业，促进行业技术进步和产业升级，维护企业合法权益，当好政府与企业间的桥梁与纽带，及时反映会员的正当要求，维护会员的合法权益和行业整体利益，推动电石工业的技术进步，提高行业的经济效益和社会利益，推动中国电石行业又好又快发展。

中国社会组织评估等级
CHINA SOCIAL ORGANIZATION EVALUATION GRADE

AAAA

中华人民共和国民政部
MINISTRY OF CIVIL AFFAIRS,P.R.CHINA

CPCIF

中国石油和化学工业联合会
China Petroleum and Chemical Industry Federation

理 事 单 位
Member of the Council

会长： Li Yongwu 中国石油和化学工业联合会
Chairman CPCIF

电　　话：(010)84885830 84885707

通讯地址：北京市朝阳区亚运村安慧里
　　　　　4 区 16 号楼501室

邮　　编：100723

网　　址：www.cciac.org.cn

邮　　箱：ccia00@126.com

石化行业专用鼓风机

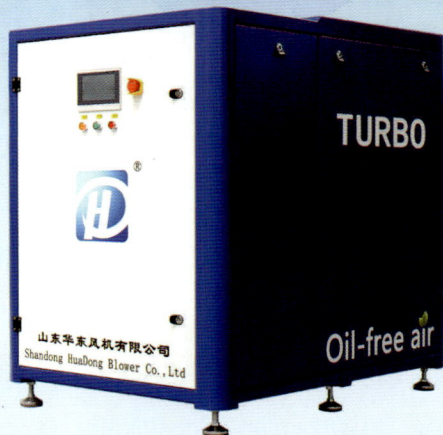

磁悬浮高速离心鼓风机　　　　　空气悬浮高速离心鼓风机

节能 SAVE

环保 ECO-FRIENDLY

高效 HIGH-EFFICIENCY

低噪音 LOW NOISE

定制 CUSTOM MADE

客户案例（部分）

合作单位（部分）

4008-797-786

地址：山东济南章丘经济开发区
官网：www.huadongmaglev.com
邮箱：huadong688@163.com
座机：0531-67804861

公众号　　官方客服

山东华东风机有限公司
Shandong HuaDong Blower Co.,Ltd

鑫华东 XINHUADONG

山东华东风机有限公司，成立于2010年，自2007年从事于鼓风机业务，位于山东省济南市章丘区，注册资金1.0525亿元整，占地面积10万平方米，6万平方米的标准厂房，100多台数控加工设备，现拥有职工300余人，其中，以博士、硕士为核心的技术研发人员60人。

公司产品以高效节能和绿色环保为特色，主要有：HMGB磁悬浮高速电机、磁悬浮轴承及轴承控制系统、HMGB磁悬浮高速离心鼓风机、HMC磁悬浮高速离心压缩机、HMGB磁悬浮透平真空泵、HKB系列空气悬浮高速电机、空气悬浮轴承、空气悬浮鼓风机、MVR蒸汽压缩机、HDL、HDGR、HDR二叶系列罗茨鼓风机，HDSR、HDLH、HG三叶系列罗茨鼓风机。

19年+	**100000**+	**10000**+	**300**+
专注研发	生产面积	合作客户	员工总数

企业荣誉

目前我单位已荣获"国家级专精特新小巨人企业""高新技术企业""山东省瞪羚企业"等多个荣誉称号，拥有60多项国家专利。

宁夏天宝炭素有限公司

企业简介
COMPANY INTRODUCTION

宁夏天宝炭素有限公司于1999年注册成立，2011年由控股股东自主经营。目前企业注册资本 4,001.80万元，占地积面积40,000.00平方米，年设计产能30万吨，是一家集研发、生产、销售为一体的中型电极糊生产企业。其产品可供超高功率、高功率电石炉、镍系、硅系、锰系、铬系等各类铁合金矿热电炉。目前最大供应81000KVA电石炉和63000KVA铁合金炉超大型矿热电炉使用，属于国内目前最先进的电极糊生产工艺。

宁夏天宝炭素有限公司高品质电极生产线综合技改项目　鸟瞰图
中凡国际工程设计有限公司

环保式生产
ENVIRONMENTALLY FRIENDLY PRODUCTION

公司配备原材料加工质量控制系统，原材料自动上料、传输系统，HP-DHK4000型双层预热混捏锅，密闭式配料系统和产品自动入仓传输系统，真正实现生产全流程自动化，属于国内炭素制品行业领先企业。

产品特性
PRODUCT CHARACTERISTICS

产品选用优质的原材料，企业产品在同行业当中具有低灰份、低电阻率、低含硫量、优良的导电性、突出的机械强度以及优异的抗热震性、抗氧化性等一系列优质特性。

研发中心
R&D CENTER

检测设备
TEST EQUIPMENT

公司不断加强产品质量的研发创新，企业研发中心具备国内顶尖的电极糊实验、检验设备，完善齐全的质量参数的分析化验设备，完全胜任各种相关研发活动。

产品专利
PRODUCT CHARACTERISTICS

公司获国家质量管理体系认证，具备多项专利技术，产品质量也得到客户多年使用过程的验证

荣誉资质
HONORARY CERTIFICATE

公司始终奉行"质量第一、信誉第一、诚信为本"的宗旨，竭诚为国内外新老用户服务，互惠互利，携手前行。

纳顺集团 NASHUN GROUP

内蒙古纳顺装备工程（集团）有限公司

企业简介

内蒙古纳顺装备工程（集团）有限公司是一家以装备制造和工程服务为主，集工业技术研发、工业设备制造、工程装备成套、工业工程总承包于一体的大型民营企业。公司以科技创新、工程管理、总包服务的运营机制，以开放性的企业经营理念，以集成化、信息化的管理模式，致力于打造工业装备定制化服务平台，为客户提供全生命周期服务，为矿热炉工程提供整体解决方案。

主导产品

矿热炉

除尘、净化

电气及自动化

铁水粒化

石灰窑——意大利·特鲁兹-弗卡斯

固定式压力容器高压容器（A2）

矿热炉炉型

序号	矿热炉名称	炉 型
1	电 石 炉	81000kVA、60000kVA、54000kVA、48000kVA、45000kVA、40500kVA、33000kVA、27000kVA等
2	硅 铁 炉	72000kVA 、54000kVA、45000kW、40500kVA36000kVA、31500kVA 等大炉型
3	硅 锰 炉	66000kW、62000kW、55000kW、50000kW、45000kW、39000kW等
4	铬 铁 炉	75000kVA、57000kVA、48000kVA、42000kVA、33000kVA等
5	镍 铁 炉	42000kVA、39000kVA、36000kVA、33000kVA等150台（套）
6	工 业 硅 炉	33000kVA、16500kVA
7	钛 渣 炉	36000kVA、33000kVA、30000kVA、25500kVA
8	直 流 炉	60000kVA、57000kVA、45000kVA、36000kVA
9	总承包工程	3×39000kW 硅锰炉、2×45000kVA 硅铁炉、4×12500kVA 硅铁炉、60万吨/年电石、30万吨/年电石

81000kVA电石炉

75000kVA全密闭铬铁炉

全密闭硅锰炉

硅铁炉EPC总承包项目

42000kVA镍铁炉

33000kVA工业硅炉

地址：内蒙古自治区呼和浩特市新华西街1号　　联系人：郜小朦　　联系方式：15754844606
邮编：010050　　电话：0471-3962577　　　　　　　胡敬国　　联系方式：13327108889
网址：www.nashun.net　　　　　　　　　　　　　　李石磊　　联系方式：18504810817

电石冷破车间远程智能起重机　　促进电石行业自动化、信息化

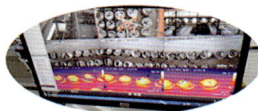

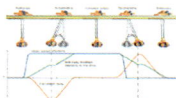

主要优势

专业系统设计，针对电石行业高温粉尘设计；
经过实践验证，已有上百台设备现场运行；
具备数据接口，与MES系统可顺利连接；
不同的专用吊具，具备实现自动运行功能；
降低员工操作的安全风险和劳动强度，提升员工幸福感。

主要功能

远程操作；集控室通过无线通讯实现远程操作；现场运行视频无线传输至集控室
自动定位运行；小车、大车机构实时位置检测；实时启动、停止、速度控制；
吊钩防摇控制；自动定位运行过程中，系统防摇控制算法实现吊钩摆动最小
专业设计吊具；现场无人操作
信息数据采集记录；实时数据采集传输记录历史数据分析。

地址：长垣市国贸中心B座9楼
邮箱：zwjsyxgs@163.com
电话：0373-8646888　0373-8081688

中威 ZHONGWEI

矿热炉专用铜部件供应商

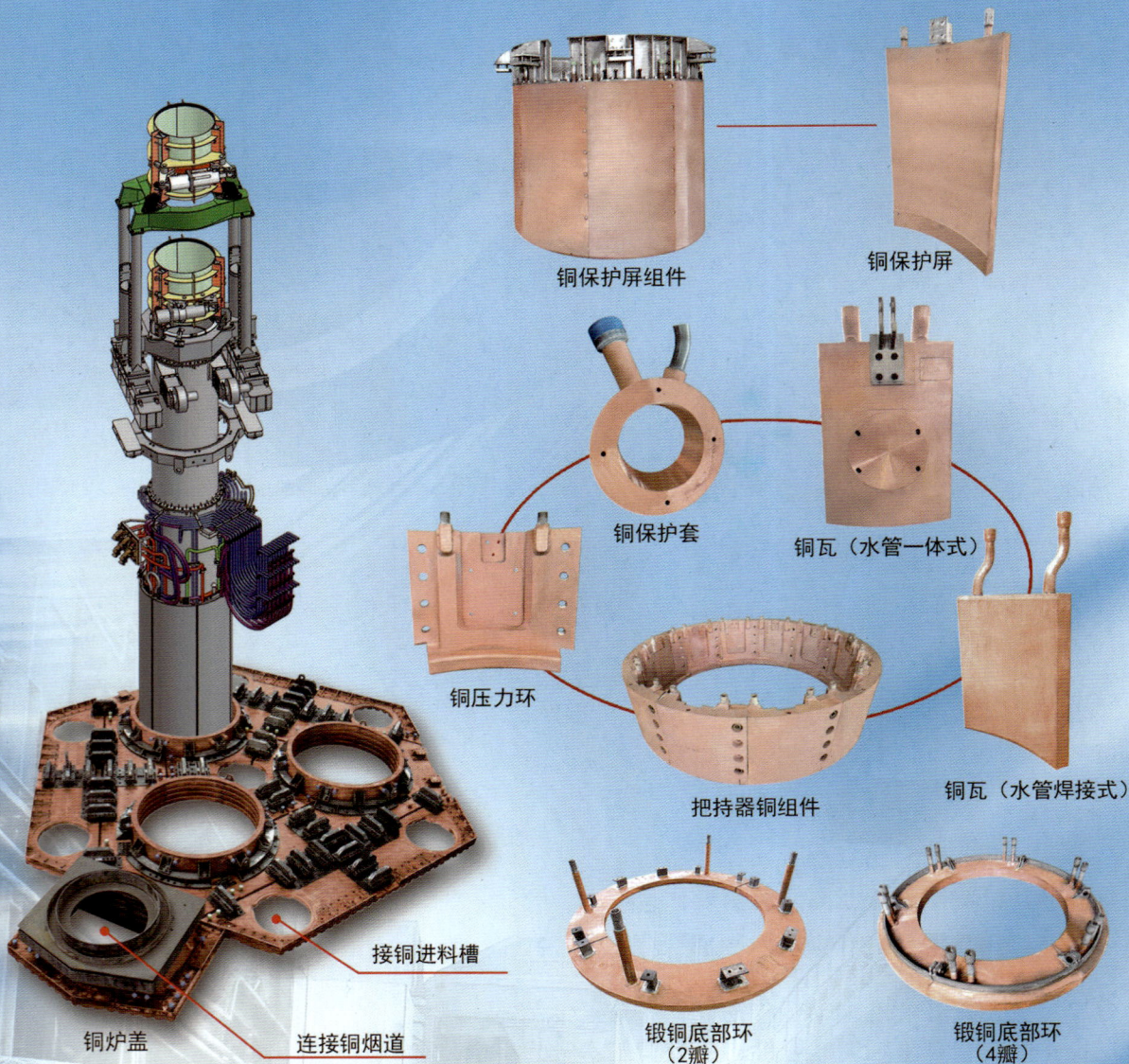

铜保护屏组件

铜保护屏

铜保护套

铜瓦（水管一体式）

铜压力环

把持器铜组件

铜瓦（水管焊接式）

锻铜底部环（2瓣）

锻铜底部环（4瓣）

铜炉盖

接铜进料槽

连接铜烟道

典型应用：★ 81MVA锰铁炉　★ 63MVA硅铁炉　★ 78MVA铬铁炉　★ 66MVA硅锰炉
　　　　　★ 36MVA镍铁炉　★ 81MVA电石炉　★ 39MVA工业硅炉　★ 33MVA钛渣炉

汕头华兴冶金设备股份有限公司
Shantou Huaxing Metallurgical Equipment Co.,Ltd

地址：中国广东省汕头市大学路荣升科技园　　邮编：515063
邮箱：market@hcool.com.cn　　　　　　　　电话：0754-82526180
网址：www.hcool.com.cn　　　　　　　　　　传真：0754-82526181

华兴官方微信

德国尤尼仪表公司

±um®
UNION
Instruments

CALORIMETER

CWD 2005

测量参数

- 热值
- 华白
- 比重
- CARI（选配）

应用领域

- 钢铁冶金、有色冶炼
- 石灰窑/白灰窑
- 燃气发电
- 玻璃厂、陶瓷制品厂
- 油制气、煤制气
- 石油化工、煤化工
- 能源供给
- 能源生产
- 能源计量
- 控制烟气氮氧化合物排放

CWD2005

高精度、高速、稳定的燃气质量直接测量设备

LF1
联丰窑炉
LIAN FENG KILN

联系电话：15038338966

>>> 公司简介 COMPANY PROFILE

　　郑州联丰窑炉工程有限公司成立于2005年，注册资本5600万元，具有冶金工程施工总承包贰级资质、防水防腐保温工程专业承包贰级、建筑机电安装工程专业承包贰级；公司设备精良，拥有各种先进的大中小型机械，工种配套齐全，具有承建各种工业窑炉，硅锰炉、硅铁炉、电石炉、工业锅炉、大型钢厂的高炉施工及配套的建设、施工和砌筑的能力。公司成立以来，全面推行项目标准化管理，承建工程质量高、速度快、价格低廉，是窑炉工程建筑行业中新兴起的一支劲旅。

>>> 部分照片展示 Partial photo display

隧道窑生产线	成品包装区	600TPD吨双梁石灰窑施工	40500KVA电石炉炉底碳砖砌筑施工
48000KVA电石炉炉底碳砖施工	54000KVA电石炉内衬砌筑	185T/D石灰窑施工现场	300T/D双梁石灰窑施工现场

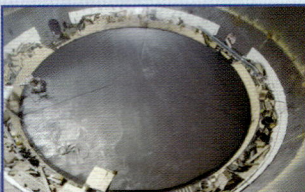

乌鲁木齐市金宏河环保有限公司

企业简介

公司主要从事环保工程施工，具有环保工程专业承包二级等经营资质。承揽立式烘干窑、除尘器、脱硫、脱硝成套设备的设计制作安装等项目。

公司设计制作的第六代智能化烘干机具备智能防着火，可靠的防着火处理系统，物料下落通道无任何卡阻，适用多种规格物料，多通道下料，下料均匀，破碎率低。烘干质量稳定，进风管道布局合理，布风均匀，采用高低温烘干专利技术，热利用效率高，可利用各种余热。具有节能环保、保证质量和运行安全特有的优势。

物料烘干流程

物料 → 可调输送皮带机 → 波状挡边提升机 → 布料缓冲仓 → 立式烘干机 → 8条钢式链条机 → 高温皮带机 → 用户成品仓

工程案例

"创一流环保公司，建设百年环保"是我们金宏河人一直追求的目标，金宏河环保愿以一流的技术、一流的产品、一流的服务和强大的专业实力，与各界朋友携手合作，共同为保护人类美好的环境而努力！

公司地址：乌鲁木齐市米东区民康中路972号阳光国际公寓7幢公寓907室

2025电石行业发展深度研究报告

中国电石工业协会　组织编写

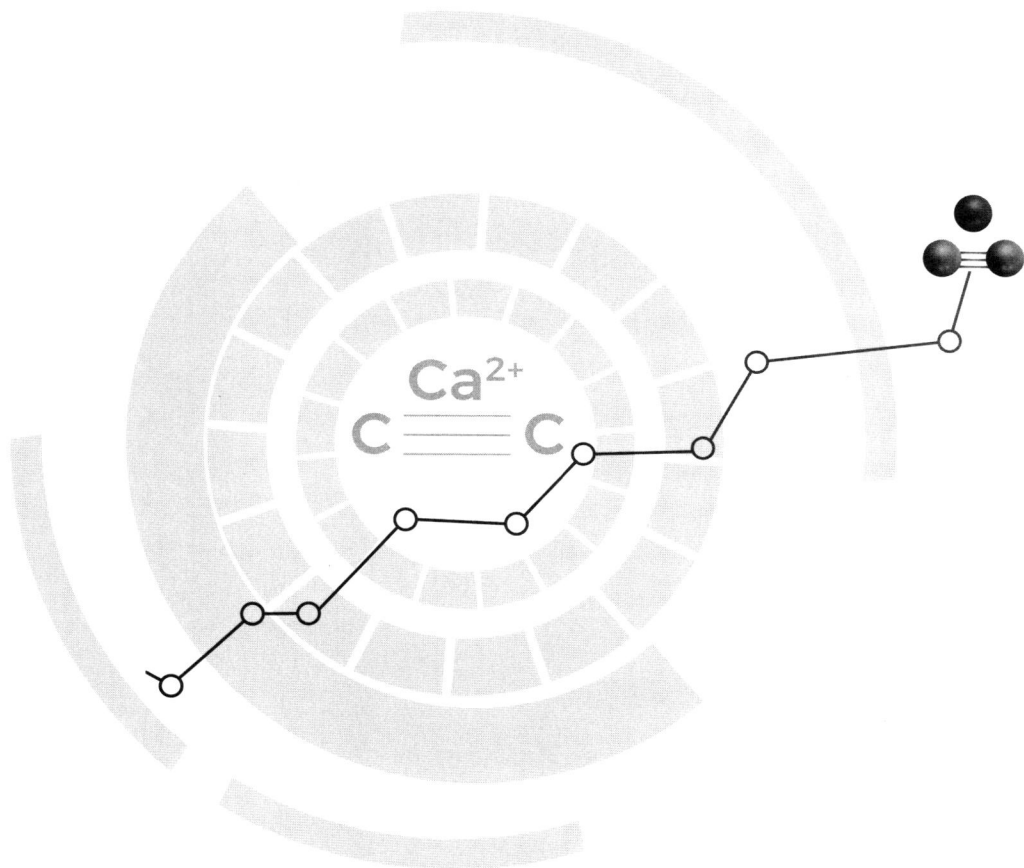

化学工业出版社

· 北京 ·

内容简介

《2025电石行业发展深度研究报告》详细梳理了电石及其相关产业链的发展现状，解读了电石行业技术进步与政策趋势，深入剖析了产业链布局以及行业面临的新形势和新机遇，并对未来的发展路径进行了前瞻性展望。本书可为电石行业政策制定、投资决策人员以及相关企业管理人员提供参考，助力电石行业走好绿色低碳发展之路。

图书在版编目（CIP）数据

2025电石行业发展深度研究报告 / 中国电石工业协会组织编写. -- 北京 : 化学工业出版社，2025. 8.
ISBN 978-7-122-48370-6

Ⅰ．F426.7

中国国家版本馆CIP数据核字第2025143X33号

责任编辑：赵卫娟
装帧设计：王晓宇
责任校对：张茜越

出版发行：化学工业出版社
　　　　　（北京市东城区青年湖南街13号　邮政编码100011）
印　　装：北京新华印刷有限公司
787mm×1092mm　1/16　印张7½　字数143千字
2025年8月北京第1版第1次印刷

购书咨询：010-64518888　　　　售后服务：010-64518899
网　　址：http://www.cip.com.cn
凡购买本书，如有缺损质量问题，本社销售中心负责调换。

定　　价：128.00元　　　　　　版权所有　违者必究

编写人员名单

主　　编：孙伟善

副 主 编：杨传玮　蒋顺平

编写人员：蒋顺平　杨传玮　刘　怡　王　虎　郜小朦　李石磊
　　　　　李大同　刘　永

作为基础化工原料的重要组成部分，电石在工业领域发挥着关键作用。电石经过加工可制成聚氯乙烯、乙酸乙烯酯、1,4-丁二醇等重要化工产品，在农业生产和工业制造中具有广泛应用。我国凭借丰富的煤炭、石灰石及电力资源，为电石及其下游产业发展提供了有利条件。目前，我国电石产能规模已位居全球首位，正逐步实现从生产大国向技术强国的转变。

2025年是"十四五"规划收官之年，也是全面贯彻落实党的二十届三中全会精神的重要一年。当前，面对国际经贸摩擦和地区冲突加剧、国内需求增速放缓等不利局面，电石行业广大干部职工以习近平新时代中国特色社会主义思想为指导，深入贯彻党中央和国务院的决策部署，按照国民经济和社会发展"十四五"规划、电石工业"十四五"发展指南确立的奋斗目标和发展思路，大力实施绿色发展和创新驱动发展战略，持续推进供给侧结构性改革，努力改善经济运行质量，在降低资源和能源消耗、减少二氧化碳排放、提升自动化和智能化水平、增强安全保障能力等方面取得了显著成绩，保障了生产运行的总体平稳。2024年底，我国电石产能增至4200万吨/年，同比增长2.43%，年度总产量达到3108万吨，创下历史新高。

作为石油化工行业的一名老兵，我长期关注电石行业的发展，我认为电石产业正处于转型升级的关键时期。智能化、绿色化等发展方向已成为共识，然而，实现"双碳"目标、应对市场供需矛盾、解决行业内卷式竞争以及拓宽下游应用领域等难题依然亟待解决。这些问题需要整个产业链通力合作才能得到有效化解。

为促进行业交流协作，中国电石工业协会组织编写了《2025电石行业发展深度研究报告》，详细梳理了电石及其相关产业链的发展现状，深入剖析了目前面临的新形势和新机遇，并提供了前瞻性的市场预测，内容全面、数据翔实，对行业发展具有重要参考价值。

建议各有关单位以此次报告发布为契机，深化行业交流，共同推进供给侧结构性改革。在做好本职工作的同时，积极为行业发展建言献策，推动电石产业实现更高质量发展。

最后，向付出心血的编写人员表示敬意，向为本书出版提供大力支持的山东华东风机有限公司、内蒙古纳顺装备工程（集团）有限公司等企业表示感谢！

中国石油和化学工业联合会党委常委、副会长

2025年5月

  电石（碳化钙）是我国有机合成工业的重要基础原料，被誉为"有机合成之母"，其产业链涉及能源、化工、建材等国民经济多个关键领域。在当前"双碳"战略背景下，中国电石行业正经历着深刻的产业变革，包括产能结构优化、技术装备升级和环保转型，同时也面临供需关系调整、下游应用多元化发展以及环保政策日趋严格等挑战。

  作为行业权威组织，中国电石工业协会充分发挥桥梁作用，整合行业资源，促进技术创新和环保标准提升，通过政策解读、信息共享、技术交流等全方位服务，帮助企业适应新发展要求，推动行业实现可持续发展，引领电石产业迈向高质量发展新征程。

  为促进电石行业转型升级，中国电石工业协会组织专家团队深入研究行业发展状况，历时数月精心编制完成《2025电石行业发展深度研究报告》（以下简称"报告"）。报告系统分析了我国电石行业发展现状，基于权威数据深入剖析产业链布局，解读技术进步与政策趋势，并前瞻性展望未来发展路径，为行业参与者提供决策参考，助力电石产业走好绿色低碳发展之路。

  在报告编制过程中，编写团队秉持严谨求实的态度，通过广泛调研和反复论证，确保数据准确性和分析可靠性。由于时间有限，报告中难免存在不足之处，我们诚邀广大读者和行业专家提出宝贵意见，帮助我们持续改进，共同推动电石行业高质量、可持续发展。

  在此，衷心感谢所有关心支持中国电石行业发展、助力协会成长、为本报告提供帮助的各界人士！

编写组

2025年5月

目
录　**Contents**

Chapter

8

电石行业概述

1.1　电石行业简介

电石，即碳化钙，无色晶体，工业品为灰黑色块状物，断面为紫色或灰色，遇水会发生激烈反应生成乙炔，并放出大量热量，而乙炔是结构最简单的炔烃，可通过加成、氧化、聚合等反应衍生出数千种有机化合物，因此电石是重要的基础化工原料，也被誉为"有机合成之母"。

根据自然资源部最新公布的《中国矿产资源报告（2024）》，截至2023年底中国煤炭储量为2185.7亿吨，较2022年底增长5.6%。中国能源消费结构仍以煤炭为主，2023年煤炭消费占一次能源消费总量的55.3%，石油占比18.3%，天然气占比8.5%，水电、核电、风电、太阳能发电等非化石能源占比17.9%。

面对我国"富煤、缺油、少气"的能源现状，对于缺油少气的内陆地区电石等煤化工产品的发展意义深远。一方面有力支撑着聚氯乙烯（PVC）、1,4-丁二醇（BDO）、乙酸乙烯酯等下游产业的稳定运转，为区域经济的平稳运行筑牢根基；另一方面，依托丰富的煤炭资源，以电石为代表的煤化工产业具备坚实的原料保障体系，可促进行业的可持续发展。

近年来，随着电石产业政策、环保标准的动态调整，行业进入深度去产能的结构性调整阶段，部分污染物排放不达标的内燃式电石炉以及单台炉容量小于12500kVA的电石炉逐步退出市场。随着供给端持续优化，行业开工率不断提高。未来随着电石行业的转型升级步伐加快，行业产能和市场份额将进一步向具备地域、设备、技术和资金优势的头部企业集中，头部企业将形成更为显著的竞争优势。

在国家遏制电石等行业产能盲目扩张的政策导向下，随着行业"总量控制"准入政策的执行和上下游一体化进程的深入，我国电石行业实现了结构性优化升级。净化灰处理、机器人出炉、自动锅搬运系统等新技术、新工艺和新装备的成功应用，进一步提高了行业绿色发展的水平。与此同时，国内大型企业多已建立规模化循环经济模式，通过配套建设电石及下游项目，构建上下游一体化的煤化工产业链，增加产品附加值，降低综合能耗和环保成本。

1.2　电石行业产业链结构

电石的用途极为广泛，电石被水分解生成乙炔，以乙炔为原料生产聚氯乙烯已成为我国电石最重要的用途之一。目前电石法聚氯乙烯产能已达到聚氯乙烯总产能的74%，其电石理论消费量占电石总产量的82%。此外电石还用于生产1,4-丁二醇、聚乙烯醇、偏二氯乙烯、三氯乙烯、四氯乙烯等。

高温分解乙炔可制得乙炔炭黑，乙炔还可用于金属切割、焊接等。

将粉状电石在1100～1200℃的高温下进行氮化，即生成氰氨化钙。20世纪60年代氰氨化钙在农业上广泛用作氮肥，70年代开始逐步转为工业用，为双氰胺、硫脲、氰盐熔合物（氰熔体）的原料，而且也是制造黄血盐、赤血盐等的主要原料。

乙炔和水反应可制得最重要的乙炔衍生物——乙醛。乙醛是合成乙酸的重要原料。乙炔和乙酸在汞盐催化下反应生成双乙酸亚乙酯，进而分解后生成乙酸酐。乙醛、乙酸、乙酸酐都是生产医药制品、人造丝、电影胶片、工业合成树脂的重要原料。

电石还有很多其他的用途，在钢铁工业中作为脱硫剂，生产优质钢；在分析化学中作为水分测试剂；在农业生产中用作果树等经济作物的处理剂；在环保行业中用作废水的脱硫剂等。

电石产业链结构详见图1-1。

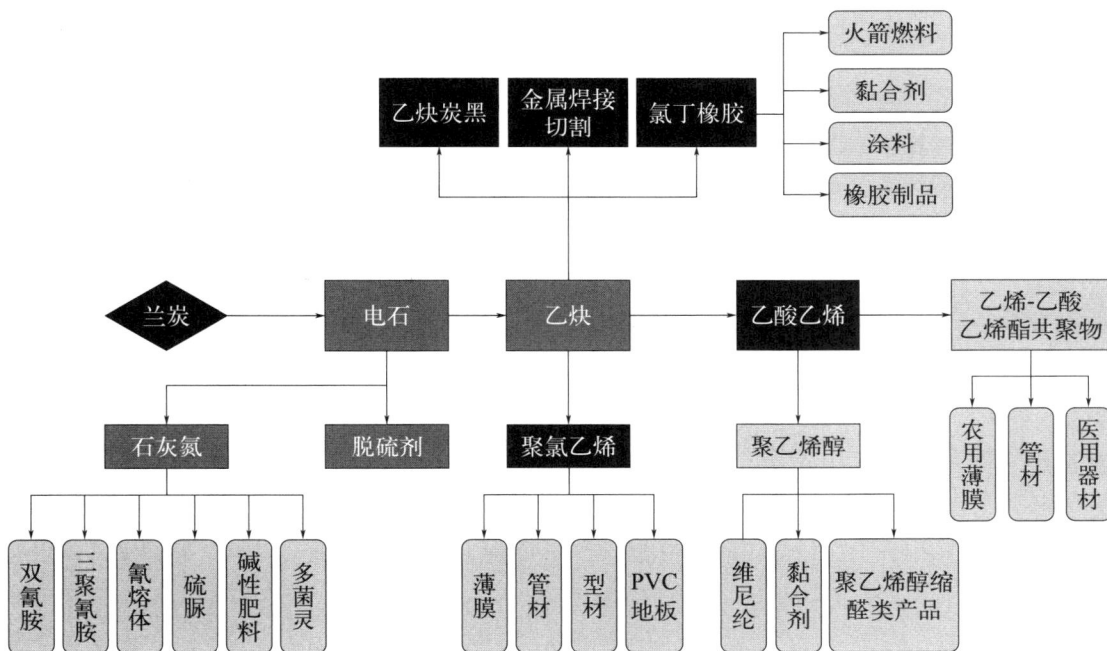

图1-1　电石产业链结构

1.3　电石行业在全球能源产业中的地位

电石生产高度依赖煤炭资源，尤其是中国等煤炭资源丰富的国家，可通过"煤-电-电石"产业链实现资源深加工。中国西北地区（如新疆、内蒙古）依托煤炭优势，形成了"煤-电石-氯碱化工"一体化模式，成为全球电石产能的核心区域，贡献全球80%以上的产量。

这一产业模式虽将煤炭转化为高附加值的化工产品（如聚氯乙烯），显著提升了传统能源的经济效益，但也使电石产业发展与煤炭行业紧密绑定。当下，煤炭资源日益枯竭和环保政策收紧致使煤炭价格也在不断上涨，对电石生产成本构成了一定压力。兰炭、焦炭、氧化钙等原材料的价格波动也会影响电石的生产成本和市场价格。在能源供应方面，电力是电石生产的重要能源。我国电力市场供需形势复杂多变，电价波动较大，而我国仍以煤电为主，故电价受煤炭市场影响也较大。因此，中国电石行业的发展与国内能源政策（如"双碳"目标）紧密相关。

中国电石行业是全球能源化工产业链的关键环节，其规模和技术水平使其在全球占据主导地位。随着全球对环保要求的提升，这种依赖煤炭的传统生产方式正面临着绿色转型的压力。中国政府已开始推动产业升级，鼓励采用清洁电石生产技术，并逐步淘汰落后产能。在政府的引导与政策支持下，中国电石产业正在加快技术创新和设备更新的步伐，以实现更加清洁、高效的生产方式。同时，通过以旧换新政策，鼓励企业淘汰高能耗、高污染的旧设备，采用更先进的环保技术，进一步减少对煤炭资源的依赖。这不仅有助于提升产业的整体竞争力，还有助于推动全球电石产业向绿色可持续的方向发展。

在我国西北地区，这种资源转化模式已演化为更具系统性的"煤 - 电石 - 氯碱化工"循环经济体系。新疆准东、内蒙古鄂尔多斯等国家级能源化工基地，依托特大型整装煤田（如准东煤田探明储量3900亿吨）和年利用小时数超5000小时的坑口电站，构建起从原煤开采到终端化工品的垂直整合系统。

这种地理集聚效应催生了世界级的电石产业带。据统计，西北六省（区）电石产能达3600万吨/年，占全国总产能86.06%。该区域通过管网系统将电石气（乙炔）直供到氯碱装置，衍生出聚氯乙烯、1,4-丁二醇等系列产品，构建起能耗绿色化工体系。

技术创新支撑下的循环经济模式是该体系的核心竞争力。电石生产副产的CO尾气经净化后可用于生产乙二醇、甲醇、合成氨等化工产品，电石渣 $[Ca(OH)_2]$ 可替代石灰石用于生产水泥，使固体废物综合利用率达95%以上。在"双碳"目标驱动下，行业正加速推广节能降耗技术，配合余热利用、智能冶炼等先进技术推动吨电石综合电耗对标世界先进水平。

这种"资源 - 产业 - 技术"的协同创新模式，不仅保障了中国在全球电石市场的主导地位，更推动了煤基化工向新材料领域的延伸。当前西北电石产业集群已衍生出1,4-丁二醇、聚乙烯醇等高端材料产能，并开始布局碳酸二甲酯等新能源材料，展现出传统资源型产业转型升级的示范效应。

电石行业发展
历程与现状

2.1　电石行业发展历程

相对于欧美等发达国家，我国电石生产起步较晚，1936年，民族资本家李允成在上海建成国内第一座450kVA的电石炉，宣告了我国电石工业的诞生。1948年，中国第一台1750kVA的电石炉在吉林建成投产，翻开了我国电石工业发展的新篇章。1958年，中华人民共和国化学工业部成立，在全国批准建设了19台10000kVA的开放式电石炉，推动电石工业进入第一次大发展时期。

十一届三中全会之后，我国电石工业进入了又一个快速发展时期。到2000年，国内电石产能达到480万吨/年，年产量340万吨，已位列世界首位。

进入21世纪，国内市场对聚氯乙烯等产品需求激增，下游制品出口量显著攀升，推动电石行业进入产能快速扩张阶段。在经济利益驱动下，部分地区电石行业盲目扩张、投资过热，导致产能过剩，电石行业被列为国家七大产能过剩行业之一，成为重点调控对象。为此国家先后出台了《关于对电石和铁合金行业进行清理整顿若干意见的通知》《电石行业准入条件》等产业政策，行业开始进入清理整顿期，持续开展落后产能淘汰工作。党的十八大以来，电石行业再一次实现了跨越，生产企业更加关注产业链优化与循环经济发展，向着绿色、循环、高质量发展方向不断前进。

"十四五"期间，我国电石行业告别高速扩张阶段，正式迈入结构调整的关键时期。行业积极应对各种风险和挑战，在大力推进结构调整、技术改造、科技创新和管理提升方面均获得显著成效，保持了行业发展和经济运行的总体平稳。2016年以来，一批规模、能耗、环保不达标的电石装置被淘汰，大量落后产能被清退。据不完全统计，2016年至今，电石行业已清退落后、无效产能超1000万吨，有效产能发挥率达到87%。

经过多年发展，我国已成为世界最大的电石生产国和消费国，截至2024年底，我国电石企业116家，总产能4200万吨/年，产量3108万吨，开工率达到74%，有效（扣除长期停产装置）利用率为84%，表观消费量达到3095.7万吨左右。

2.2　电石行业现状

2.2.1　全球电石产业现状

世界电石工业诞生于19世纪末期。当时，电石生产技术还比较落后，产品用途也比较单一，主要用于生产照明用的乙炔气。到20世纪50年代初期，电石生产开始向全密闭化、大型化方向发展。20世纪60年代初期是世界电石工业发展的鼎盛时期。当时，全球电石年产量曾经一度超过1000万吨，其中70%用于有机合成领域。但是，随着石油、天然气工业的快速发展，聚氯乙烯等产品的合成工艺逐步转向乙烯法，电石的消费构成也发生了较大变化，需求量和生产能力迅速下降。

目前，世界电石生产和消费均集中在中国，其他国家只有美国、日本、德国、南非、俄罗斯、印度等还保留有部分电石生产装置，但是产能和产量都相对较小，这些国家的电石主要用于生产氯丁橡胶、石灰氮、钢铁脱硫以及金属焊接切割用乙炔气等。截至2024年，中国的电石产能达到4200万吨/年，约占世界总产能的98%。印度、泰国、尼日利亚是电石主要进口国，合计进口量占世界总进口量的55%。

2.2.2　国内外技术装备水平对比

国外电石生产装置大部分是密闭式电石炉，内燃炉和开放炉在很多国家都已经退出历史舞台，只有俄罗斯等国家还保留有部分内燃式和开放式电石炉。国外大部分电石炉已经实现了生产全过程的机械化操作和计算机控制。另外，电石炉尾气和余热的综合利用水平也很高，能够将全部的尾气进行回收、处理和再利用，比如用来气烧石灰窑。

近年来，我国电石行业的技术装备水平迅速提高，内燃式及污染严重的开放式电石炉已经全部被淘汰；能耗低、排放少的大型密闭式电石炉在行业内得到迅速推广，但跟国外先进水平相比，我国电石行业的技术装备水平仍存在提高空间，如空心电极系统、电极糊软化烧结预测等系统均未在国内得到有效利用，造成部分能源浪费以及电石生产成本上升。

2.2.3　国内外能耗水平对比

日本、美国、德国等发达国家的电石生产装置，由于使用的原料质量好，设备自动化程度高，对于炉气和电石炉余热的利用也比较充分，电石产品的电炉电耗在3100kWh/t左右，而综合能耗在1吨标准煤/吨左右。

近年来，随着先进节能技术在行业内的迅速推广，中国电石产品的电炉电耗和综合能耗均有较大幅度的下降。国内部分企业的电炉电耗已经能够达到3050kWh/t，综合能耗也能够达到805千克标准煤/吨，已达到或超过国际先进水平。国内外能耗对比详见表2-1。

表 2-1 国内外能耗对比

项目	日本	美国	德国	中国
工艺电耗 /（kWh/t）	3100 ～ 3150	3100	＜ 3100	3050
综合能耗 /（吨标准煤 / 吨）	0.94 ～ 1.05	0.94 ～ 1.05	0.94 ～ 1.05	0.805 ～ 0.810

注：表中数据为全球工艺先进值。

2.2.4 我国电石行业现状

产能："十四五"时期，我国电石行业进入结构调整期，行业在大力推进结构调整、技术改造、科技创新和管理提升方面均获得显著成效，但近两年随着一体化建设的推进，在淘汰落后产能的同时也有新建配套电石产能，所以产能略有增加。

产量：随着国内新增产能的释放，2019年至2024年，我国电石产量缓慢增加。

开工率：开工率自2020年开始始终保持在70%以上的水平。2021年最高，达到了77.9%。

进出口量：2020年至2024年，我国电石出口量变化不大，年出口量均在12万吨左右。

表观消费量：随着市场需求的变化，我国电石表观消费量也在逐年增加。由于下游市场体量较小，且受疫情因素以及复杂的全球形势影响，2021年至2023年表观消费量有所下降。

2012—2024年电石供需情况详见表2-2。

表 2-2 2012—2024 年电石供需情况

项目	2012 年	2020 年	2021 年	2022 年	2023 年	2024 年
产能 /（万吨 / 年）	3230	4000	3850	3900	4100	4200
产量 / 万吨	2000	2888	3000	3000	2975	3108
出口量 / 万吨	15.8	12.33	11.43	11.98	13.0	12.35
表观消费量 / 万吨	1984.2	2875.67	2988.57	2988.02	2962.0	3095.7
开工率 /%	61.9	72.2	77.9	76.9	72.6	74.0

电石行业经济
运行概况

3.1 2024年电石行业市场运行情况

2024年中国电石市场迎来了关键转折期，供需格局的显著变化引发了产业链的连锁反应。作为基础化工原料，电石的市场表现直接反映了整个氯碱行业的发展态势。2024年前三季度，电石市场呈现明显的供过于求特征，价格持续震荡下行，这一趋势背后是多重因素共同作用的结果。

从供应端来看，电石新产能的陆续投产加剧了市场过剩压力。内蒙古、新疆等主要产区的新建装置相继投产，使得行业整体开工率维持在75%左右的高位。与此同时，下游需求端却呈现分化态势：作为电石最大消费领域的聚氯乙烯行业增速放缓，1—9月表观消费量同比增长仅3.2%，显著低于2023年同期的5.8%。这一方面受到房地产持续调控的影响，另一方面则由于PVC制品出口受限所致。

值得注意的是，尽管1,4-丁二醇（BDO）行业产能进入快速增长期，新增产能超过150万吨/年，但因其在电石消费结构中占比不足9%，难以完全对冲聚氯乙烯需求放缓带来的影响。数据显示，前三季度电石社会库存同比上升28%，部分企业甚至出现胀库现象，这直接导致市场价格持续承压。

价格传导机制在产业链中表现得尤为明显。聚氯乙烯价格从年初的6200元/吨震荡下跌至9月底的5500元/吨左右，聚氯乙烯企业利润空间被大幅压缩。为缓解成本压力，外采电石的聚氯乙烯企业普遍采取压低电石采购价的策略，这使得电石价格陷入"易跌难涨"的困境。8月份，内蒙古地区电石出厂价一度跌破2800元/吨，创下近两年新低。

成本支撑的弱化也是价格下行的重要因素。煤炭价格在国家保供政策下保持相对稳定，而石灰石等原料供应充足，电石生产成本整体下降。前三季度电石行业平均利润同比下降约40%，部分中小企业已处于盈亏平衡点附近。

进入第四季度，市场出现积极变化。季节性因素开始显现：北方地区聚氯乙烯装置集中检修期基本结束，开工率回升至82%左右。同时，1,4-丁二醇行业有超过30万吨/年新产能计划投产，聚氯乙烯行业也有约100万吨/年新增产能释放。这些因素共同推动了电石需求的阶段性回升。

从长期来看，电石行业正面临结构性调整。一方面，环保政策持续收紧，能耗双控政策可能进一步限制落后产能；另一方面，下游应用领域的多元化发展值得关注，特别是1,4-丁二醇在可降解塑料等领域的新应用，或将为电石需求带来新的增长点。业内人士预计，2025年1,4-丁二醇在电石消费中的占比有望提升至10%以上。

综合来看，2024年电石市场经历了由过剩到再平衡的调整过程。第四季度虽然迎来传统旺季，但考虑到全年新增产能的消化需要时间，价格反弹空间可能有限。未来行业健康发展仍需依靠淘汰落后产能、拓展新兴应用领域等措施来实现供需的动态平衡。在此过程中，产业链上下游的协同发展将成为关键，特别是在提升能效、开发高附加值产品等方面的合作将愈发重要。

3.1.1　价格走势

2024年电石价格从年初开始一直处于低位且波动下行的走势，多次探底，8月份价格刷新了自2021年以来新低，为2350元/吨（乌海地区），较2023年同期下降了850元/吨。2024年度最高价格仅有3100元/吨，年度高低价差高达750元/吨。2024年电石市场平均价格2701.2元/吨，较2023年同期下降11.5%。

2023年和2024年乌海地区电石出厂价格对比详见图3-1。

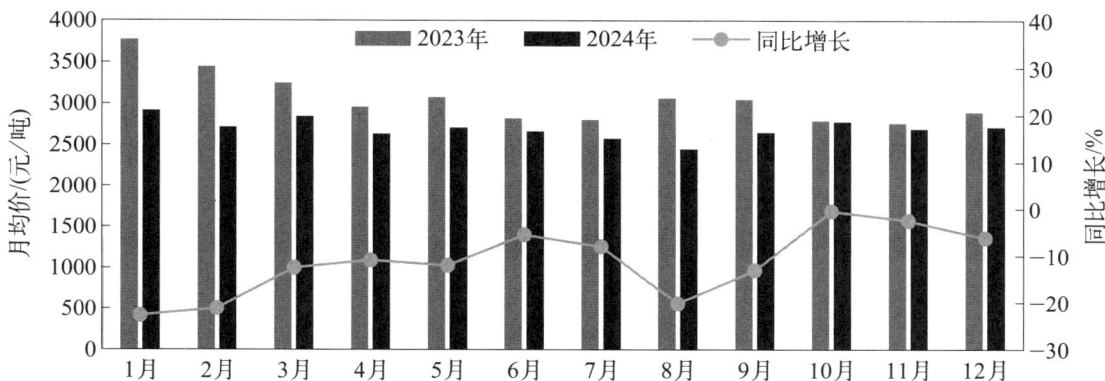

图3-1　2023年和2024年乌海地区电石出厂价格对比

第一季度电石市场价格先跌后涨，不断刷新着行业底线。第一季度受元旦假期、春节假期影响明显，随着节后下游企业开工率的增加，市场有小幅好转。2月份部分地区出现了短暂的电力供应不足问题，且由于市场情况惨淡许多生产企业主动降负荷生产，供应的减少一定程度上支持了电石价格回升，但效果有限，电石价格在小幅上涨200元/吨左右后便又进入下滑走势。

第二季度依旧处于低位运行，只在5月份有过小幅上涨情况，由于开年行情低迷，不少企业已开始降低开工负荷，再加上5月份上游原料兰炭市场小幅回暖，市场的低迷加之成本高企，电石生产企业自发减产停产以求减少损失，从供应端对电石市场形成一定程度利好，但供应端的支持无法完全应对整体市场的惨淡现状，电石价格小幅调整后还是迎来下跌。

第三季度市场走势仍是先跌后涨，反复无常，8月份一度探底近年来行业新低，在电石生产企业保供稳价的努力下，市场终于在8月下旬迎来上涨，9月份一路稳步增长，再加上"金九银十"的市场规律加持下，市场表现良好。随着下游企业装置检修结束，又加之部分电石装置进入检修状态，供需博弈下，电石市场表现喜人。

　　第四季度国内电石市场整体呈现窄幅震荡整理态势。国庆假期结束后价格迎来大涨，随着电石价格的上涨，刺激部分电石生产企业提高装置开工率，而下游聚氯乙烯却再次迎来检修，电石价格开始转弱下行。11月份波动不大，内蒙古、甘肃等地实施限电政策，云南、四川等区域水电进入枯水期，供应面有一定支撑，电石市场价格小幅波动。12月份上游兰炭市场价格大跌，使得电石企业在成本面有一定支撑，且到了年底企业冲刺效益时期，电石企业纷纷调整开工率，供应有所增加，但下游需求无明显变化，电石市场开始波动下行。

　　2024年是我国电石市场非常艰难的一年，市场价格屡次刷新历史低价，月均价均低于2023年月平均水平，成本倒挂严重，亏损企业增多，电石企业经营极为困难。

3.1.2　消费趋势

　　2024年我国电石产量3108万吨，表观消费量3095.7万吨，同比增长4.5%。尽管产量与消费量有所增长，但市场低迷，月均价持续走低，企业亏损依旧严重。电石下游需求以刚需为主，价格增长乏力，市场缺乏有效提振因素。

　　2024年电石月消费量与价格变化趋势详见图3-2。

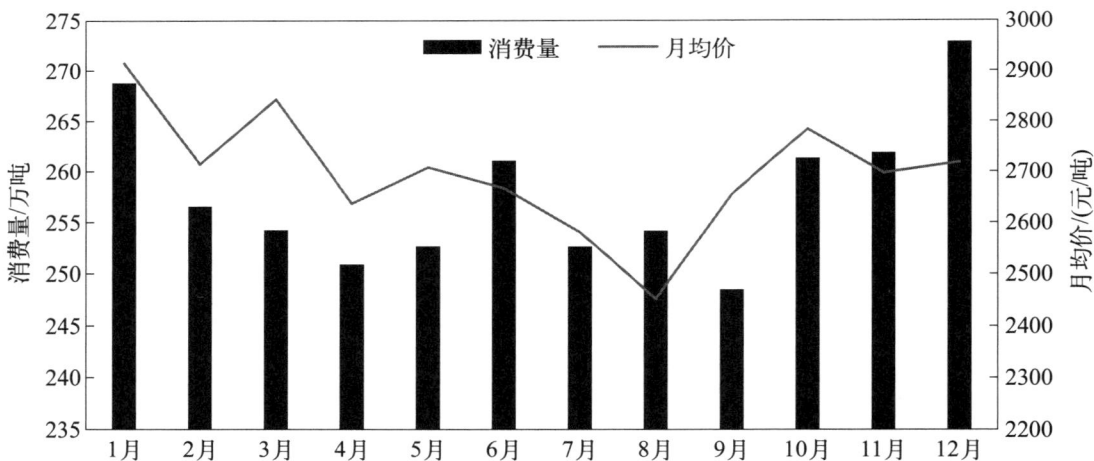

图 3-2　2024 年电石月消费量与价格变化趋势

3.1.3　表观消费量

　　随着国民经济持续稳健发展，化工、建筑等关键领域对电石的需求呈强劲增长态势，推动了电石产量的稳步提升，我国电石行业表观消费量也保持着增长趋势。2020年和2021年增长率均超过3%，2022—2023年行业表观消费量出现阶段性回落。长期以来，聚氯乙烯始终占据电石下游应用的主导地位，但近年来1,4-丁二醇行业发展迅猛，下游占比不断增加，2024年新增投产增多，下游刚需有所提升，电石消费量再度回升，增长率恢复至4.5%，展现出行业韧性与潜力。

2012—2024年电石表观消费量变化趋势详见图3-3。

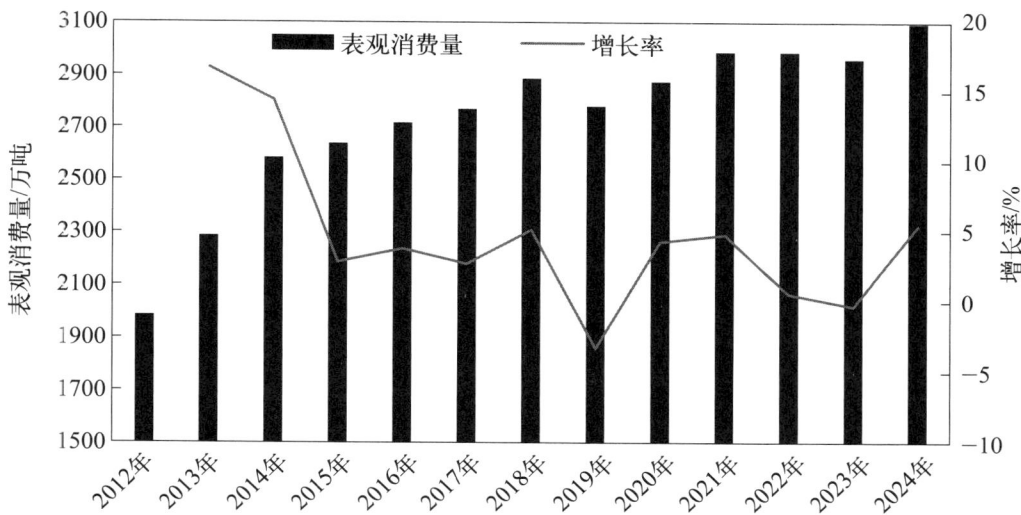

图3-3　2012—2024年电石表观消费量变化趋势

3.2　2020—2024年电石行业市场运行情况

以乌海地区市场价格为例。

2020年，受疫情影响，下游需求疲软，电石价格波动明显，年均价2793元/吨。

2021年，随着国内经济复苏，下游需求有所增长，同时上游原料市场价格也有所上升，电石价格水涨船高，达到历史高位，年均价4658元/吨，这一年企业获利颇丰，年均吨电石盈利1000元。

2022年，尽管原材料市场价格仍处高位，但下游需求的波动导致价格有所下降，年均价3903元/吨，较2021年下降了16%，企业年度微利。

2023年，原材料价格处于高位，吨电石成本高达3000元，但下游需求的不稳定对电石价格产生了较大影响，供需矛盾突出，电石价格下降明显，年均价3052元/吨。亏损企业增多。

2024年，受下游市场需求低迷的冲击，电石价格持续走低，达到历史低位，年均价2698元/吨。虽兰炭价格有所降低，但电价依旧高位，电力成本占电石成本的50%以上，电石综合成本达到2750元/吨，比当前平均售价高出约150元/吨。国内大部分电石企业亏损严重。

2019—2024年乌海地区电石出厂价格详见图3-4。

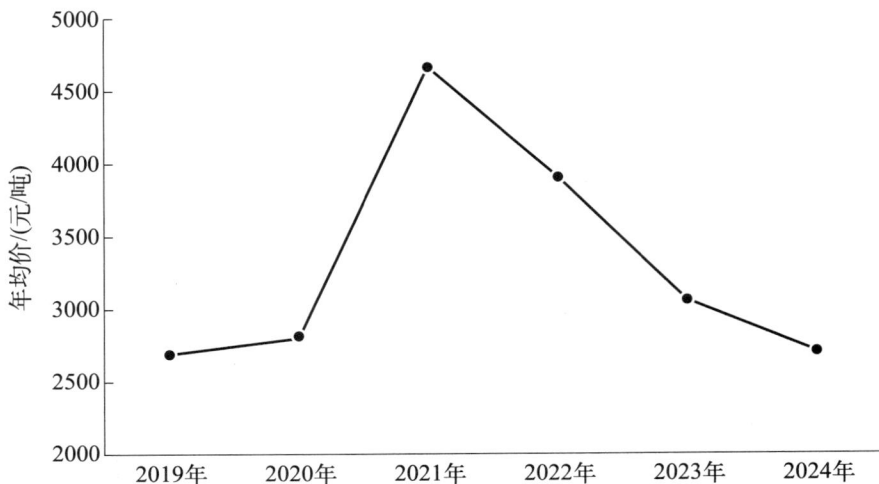

图 3-4　2019—2024 年乌海地区电石出厂价格

3.3　产能与产量

近年来，我国电石行业经历了深刻的结构性调整，逐步迈入理性发展阶段。首先，行业内部正在进行优胜劣汰的自然选择过程。那些规模偏小、能耗指标偏高、市场抗风险能力较弱的老旧装置正逐步退出市场舞台。这些落后产能的淘汰不仅缓解了行业产能过剩压力，也为优质产能腾出了发展空间。

与此同时，一批具有规模优势、技术先进的新型电石项目正在崛起。这些项目普遍采用一体化配套建设模式，实现了上下游产业链的协同发展。这类现代化装置具有明显的成本优势和技术优势，其投产运营有效提升了整个行业的发展质量。

在此消彼长的结构调整过程中，全国电石总产能和实际产量仍然保持着平稳增长态势。这表明行业的发展动能正在从单纯依靠规模扩张，转变为更加注重质量和效益的内涵式增长。

从未来发展看，电石行业将朝着规模化、集约化、绿色化方向持续优化。业内人士预计，随着国家节能减排政策的深入推进，以及碳达峰碳中和目标的实施，电石行业还将面临更深层次的结构调整。那些能源利用效率高、环保治理水平好的龙头企业，有望在未来的市场竞争中占据更有利位置。

3.3.1　产业结构调整步伐加快

2015年之前行业产能表现为快速扩张期，之后进入到市场化为主导的去产能阶段，2016—2021年电石产能出现负增长。2022年至今，随着供给侧结构性改革不断深入，行业发展进入理性阶段，但行业结构性过剩再现。2024年，全年新净增产能100万吨，总产能达到4200万吨/年，增长2.43%。

2012—2024年电石产能和产量变化趋势详见图3-5。

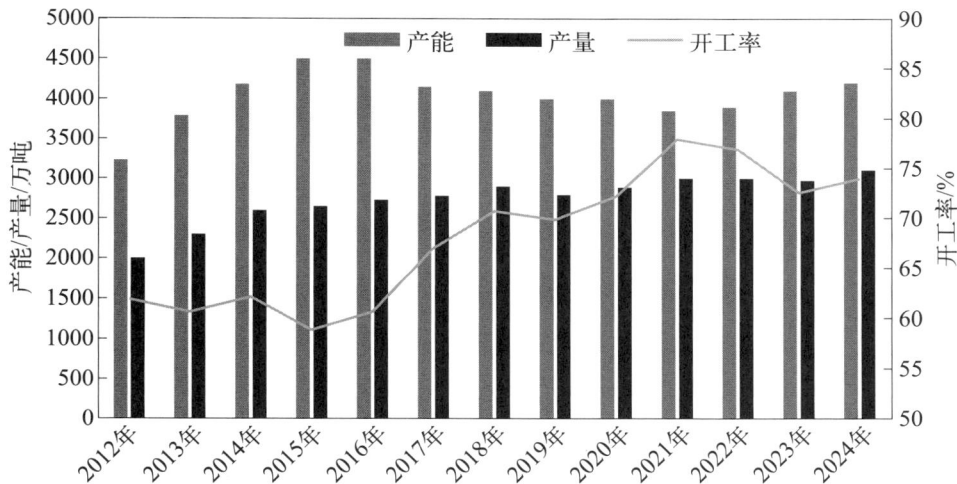

图 3-5　2012—2024 年电石产能和产量变化趋势

3.3.2　电石产能分布

我国电石产能区域集中度较高，依托丰富的煤炭、石灰石资源储备，以及低廉的电力成本优势，2024年西北地区依然是我国电石产能的核心聚集地，主要包括内蒙古、新疆、宁夏、陕西、甘肃、青海等地区。2024年西北地区产能占全国总产能的86.06%。随着新建产能的陆续建成投产，预计西北地区占比将会进一步扩大。2024年电石产能分布详见图3-6。

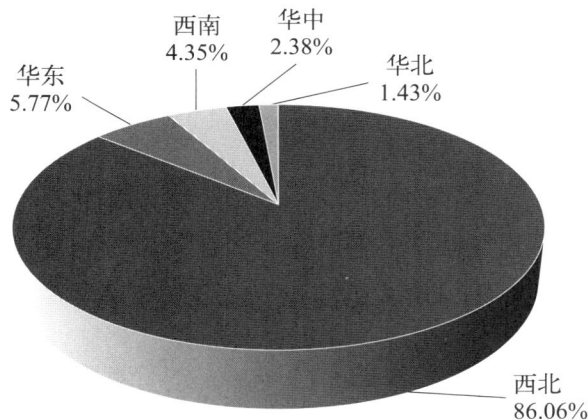

图 3-6　2024 年电石产能分布

3.3.3　电石生产情况

2024年全国共116家电石生产企业，其中长期停、半停产企业34家，涉及产能约517.4万吨/年，退出产能31万吨/年，净增产能100万吨/年，2024年产能达到4200万吨/年。

与2023年相比，2024年月度产量均有不同程度的增加，6月、7月份产量同比增长了10%以上，全年仅9月、10月份产量低于2023年。2024年全国电石累计产量3108万吨，同比增长4.5%。

2023年和2024年电石月度产量变化对比详见图3-7。

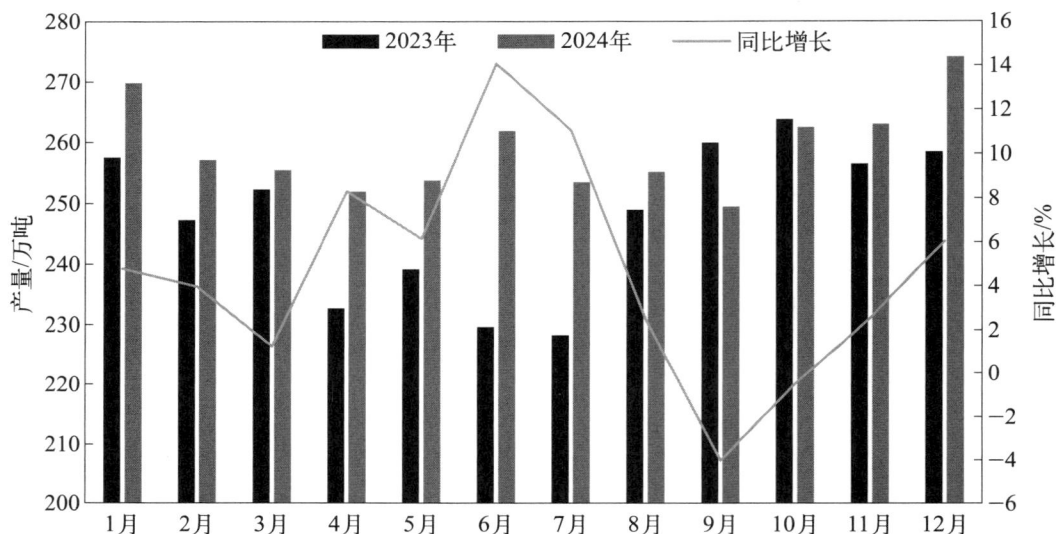

图3-7　2023年和2024年电石月度产量变化对比

2024年虽市场行情低迷，但年平均开工率达到74%，扣除长期停产的517.4万吨/年僵尸产能外，有效开工率达到84%。详见图3-8。

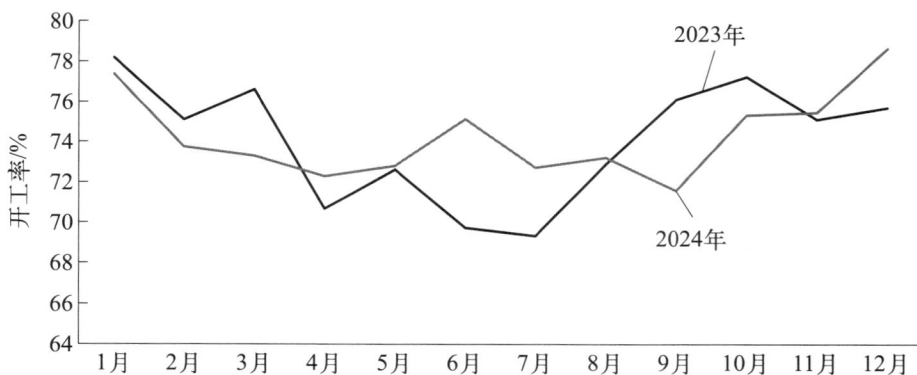

图3-8　2023—2024年月开工率情况

3.3.4　重点企业生产情况

我国电石产业在2024年呈现出明显的集约化发展态势，行业龙头企业的市场主导地位进一步加强。统计数据显示，全国电石产量前三名的企业分别为新疆中泰集团、新疆天业集团和内蒙古君正能源化工集团，这三家企业合计产量占全国总产量的24.16%。

从区域分布来看，电石产业继续向西北地区集中。内蒙古自治区以年产1196.58万吨的规模稳居全国第一，占全国总产量的38.5%。新疆维吾尔自治区以694万吨紧随其后，宁夏回族自治区则以476万吨位居第三。值得注意的是，陕西和甘肃两省产量增速明显，同比增长分别达到6.89%和2.96%。

产业链整合方面，龙头企业普遍构建了"煤炭 - 电力 - 电石 - 氯碱化工"的完整产业链。以新疆中泰集团为例，其电石产能100%实现自给自足，配套建设的聚氯乙烯产能达到240万吨/年。内蒙古鄂尔多斯化工集团则形成了从煤炭开采到电石生产，再到聚氯乙烯、烧碱等下游产品的全产业链布局。

业内人士分析指出，电石产业集中度提升主要源于三个因素：一是环保政策趋严促使小产能退出；二是能源价格波动加大了一体化企业的成本优势；三是下游需求结构变化要求更稳定的原料供应。预计到2025年，前十强企业的产量占比有望突破55%。

当前电石行业面临的主要挑战是碳排放政策约束、原料石灰石资源区域性短缺，以及乙烯法工艺对传统电石法聚氯乙烯的替代压力。对此，龙头企业正通过技术改造、余热利用和碳捕集技术应用来提升竞争力，部分企业已开始探索电石渣综合利用等循环经济模式。

未来两年，随着《石化化工行业高质量发展指导意见》的深入实施，电石行业或将迎来新一轮整合重组，产业集中度有望进一步提升，具有完整产业链和规模优势的企业将继续扩大市场占有率。

2024年产能前十企业详见表3-1。

表 3-1　2024 年产能前十企业生产情况

序号	单位名称	产能 /（万吨 / 年）	占比 /%	产量 / 万吨	占比 /%
1	新疆中泰集团	397.6	9.47	357.7	11.51
2	新疆天业集团	267.0	6.36	191.3	6.15
3	内蒙古君正集团	245.4	5.84	202.1	6.50
4	湖北宜化集团	172.0	4.10	151.3	4.87
5	山东信发集团	160.0	3.81	138.1	4.44
6	陕西煤业集团	152.0	3.62	102.9	3.31
7	东方希望集团	137.4	3.27	137.9	4.44

续表

序号	单位名称	产能/（万吨/年）	占比/%	产量/万吨	占比/%
8	鄂尔多斯化工集团	132.0	3.14	157.0	5.05
9	陕西金泰化学	130.0	3.10	60.2	1.94
10	宁夏大地	111.0	2.64	111.9	3.60
	合计	1904.4	45.30	1610.2	51.80

2024年，电石产能前十的企业共生产电石1610.2万吨，占全国总产量的51.8%，其合计产能为1904.4万吨/年，占全国总产能的45.3%。其中，内蒙古、新疆、宁夏、陕西、甘肃五个地区合计产量占全国总产量的86%。且排名前十的电石企业九成以上具有上下游产业链。2024年电石产量区域分布情况详见图3-9。

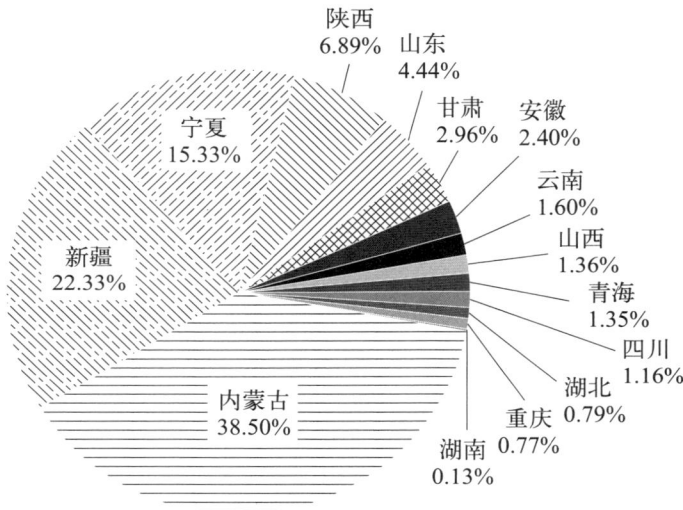

图 3-9　2024 年电石产量区域分布情况

3.3.5　商品电石生产情况

2024年商品电石产能主要分布于西北地区。全国商品电石总产能达1197万吨/年，占电石行业总产能的28.52%，这一数据折射出我国电石产业结构正处于优化调整阶段。

从区域分布来看，西北四省区展现出极强的产业集聚效应。内蒙古自治区以473.8万吨/年产能成为当之无愧的行业龙头，其产能规模几乎占据全国商品电石市场的四成，这种压倒性优势主要得益于当地丰富的煤炭资源和成熟的煤化工产业链。宁夏回族自治区以215.8万吨/年产能位列第二，陕西凭借211.9万吨/年产能紧随其后，两省区合计贡献超过全国三分之一的商品电石供应。甘肃省则以106.2万吨产能完善了西北地区的产能布局。

这种"一超多强"的区域格局形成，本质上反映了资源禀赋与产业政策的双重驱动。内蒙古依托鄂尔多斯等能源基地，构建了从原料到成品的完整产业链；宁夏和陕西则充分发挥区域能源金三角的区位优势；甘肃作为西北新兴产区，正在逐步扩大产业影响力。值得注意的是，四省区合计84%的产能集中度，既体现了规模化发展的产业优势，也预示着运输成本和区域供需平衡将成为影响市场波动的重要因素。

2024年我国电石产业呈现出明显的区域集聚特征，西北地区已成为全国商品电石生产的核心地带。最新统计数据显示，2024年全国商品电石总产量达到955.84万吨，占全国电石总产量的30.75%，凸显出商品电石在整个行业中的重要地位。

内蒙古自治区以绝对优势领跑全国，其459.78万吨的年产量不仅占全国商品电石产量的48.10%，更形成了显著的产业集群效应。当地丰富的煤炭资源和成熟的产业链条，为电石产业发展提供了得天独厚的条件。紧随其后的宁夏回族自治区贡献了180.46万吨产量，占比18.88%，依托能源优势和政策支持，持续巩固其在我国西部化工产业中的重要地位。

陕西和甘肃两省分别以107.34万吨和86万吨的产量，合计贡献了全国近20%的商品电石供应。其中陕西省11.23%的占比显示出其在西北化工产业带中的稳步发展，而甘肃省9%的份额则体现了该地区在能源化工领域的持续投入。值得注意的是，这四个西北省份合计产量占比高达87.21%，构成了中国商品电石生产的主力军。

这种区域集中化的产业格局，既反映出西北地区在能源资源、电力成本等方面的优势，也预示着未来产业升级和环保治理将面临新的挑战。随着"双碳"目标的持续推进，这些电石主产区正面临节能减排与产能优化的双重考验，如何平衡产业发展与环境保护将成为决定行业未来走向的关键因素。

2024年商品电石产能分布情况详见图3-10。

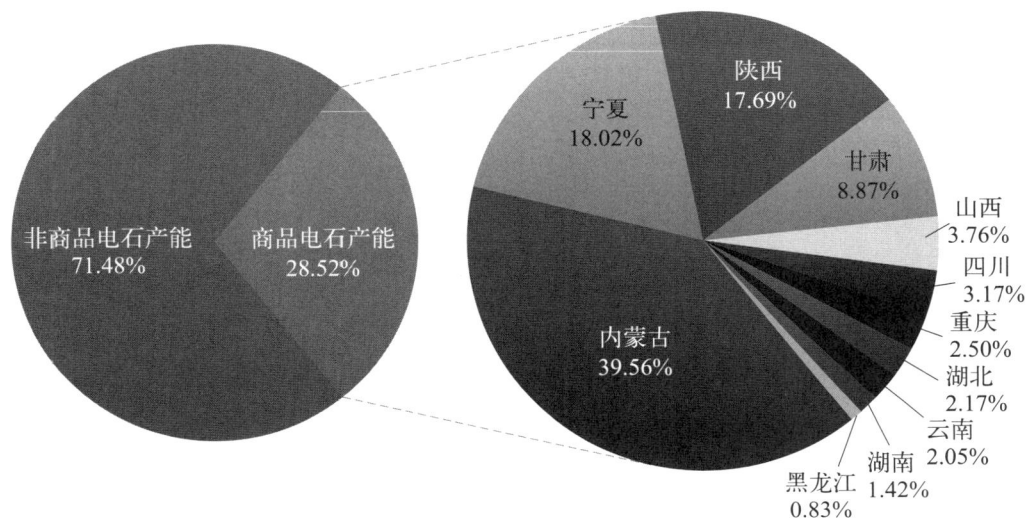

图 3-10　2024 年商品电石产能分布情况

3.3.6 产业集中度

2024年我国共有电石企业116家，平均规模为36.21万吨/年。企业规模在100万吨以上的占电石企业数量的5.17%，合计产能792.6万吨/年，较2023年增长了130万吨，占全国总产能的18.87%。规模在50万～100万吨的企业是我国电石企业主要组成部分，企业数量占比19.82%，占全国总产能的38.15%。

展望未来，电石行业将继续沿着"优胜劣汰、强者恒强"的发展路径演进。预计行业整合将主要通过两种方式推进：一方面，优势企业将通过兼并收购实现规模扩张；另一方面，部分中小企业在市场竞争中或将选择主动退出。这种结构性调整将进一步提升行业集中度，优化资源配置效率，最终推动中国电石产业实现高质量发展。

2024年电石企业规模详见表3-2。

表3-2　2024年电石企业规模

规模	2024年	
	企业数量/家	产能合计/（万吨/年）
≥100万吨	6	792.6
≥50万～100万吨	23	1602.5
≥30万～50万吨	22	846.2
≥20万～30万吨	25	591.0
≥10万～20万吨	23	262.5
＜10万吨	17	105.2
合计	116	4200.0

3.4 进出口贸易

海关数据显示，2024年1—12月我国电石累计出口量12.35万吨，较2023年同期下降5%，年出口均价4233.20元/吨，较2023年下降10.85%。我国电石主要出口地为印度（4.55万吨，36.86%）、泰国（1.06万吨，8.54%）、菲律宾（0.63万吨，5.14%）、印度尼西亚（0.55万吨，4.45%）、巴基斯坦（0.48万吨，3.88%）、沙特阿拉伯（0.27万吨，2.20%）。2023年和2024年电石出口情况详见图3-11和图3-12。

受疫情影响，2020—2021年我国电石出口量明显下降，但随着经济的复苏，市场活力持续释放，电石出口量呈现稳步回升态势。考虑到国际市场需求周期性波动与国

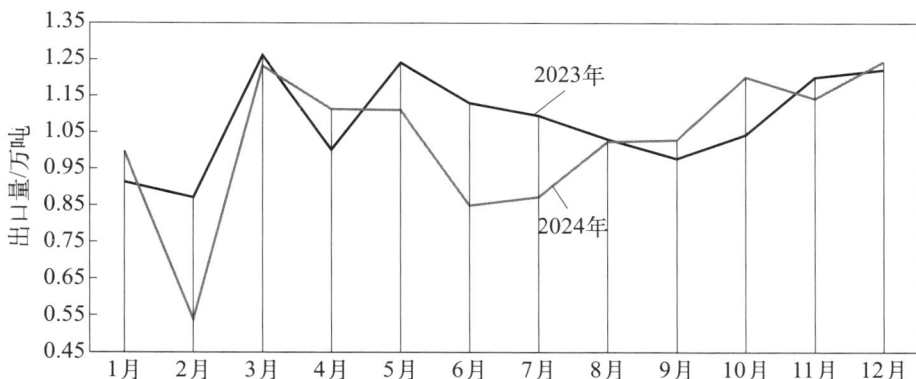

图 3-11　2023 年和 2024 年电石月度出口量对比

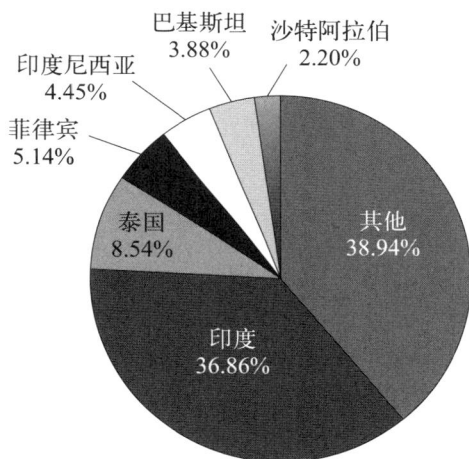

图 3-12　2023—2024 年电石主要出口地

内产能结构持续优化的双重影响，预计 2025 年我国电石出口量将实现进一步增长，出口均价有望保持相对稳定。面对复杂多变的国际贸易环境，企业需强化国际市场动态监测，灵活调整出口策略，有效防范潜在风险，以提升国际市场竞争力与抗风险能力。

国内电石产能主要集中在新疆、内蒙古、宁夏等煤炭资源丰富地区，依托低廉的能源成本（煤炭-电力一体化）形成价格优势。但由于我国电石主要出口地在东南亚地区，电石企业远离港口，运输成本较高，出口量不大。近年来，国内电石企业积极优化物流网络，降低运输成本，提升国际竞争力。同时，加大技术研发投入，提高产品质量，以满足国际市场需求，逐步扩大出口份额。

由于国际环保政策趋严，国内电石企业在提升产能的同时，应注重环保和可持续发展，优化生产工艺，降低能耗，减少污染。

国际局势与市场波动也会对电石出口产生一定影响：一是能源价格波动，俄乌冲突导致欧洲天然气价格飙升，推动国际电石及下游聚氯乙烯价格阶段性上涨，但中国出口受制于国内保供稳价政策，利润空间有限；二是地缘政治风险，中美贸易摩擦、红海航运危机等可能增加出口物流成本和不确定性；三是替代技术威胁，欧美推动乙烯法聚氯乙烯（石油基）对电石法聚氯乙烯的替代，长期可能挤压电石需求。

"一带一路"国家可能承接部分中国转移产能（如印度尼西亚、哈萨克斯坦），形成区域化电石-聚氯乙烯产业链。未来，国内电石企业需在稳固传统市场基础上，积极开拓"一带一路"国家市场，通过技术输出和产能合作，构建多元化出口格局，抵御国际风险，实现可持续发展。

2019—2024年电石出口情况详见图3-13。

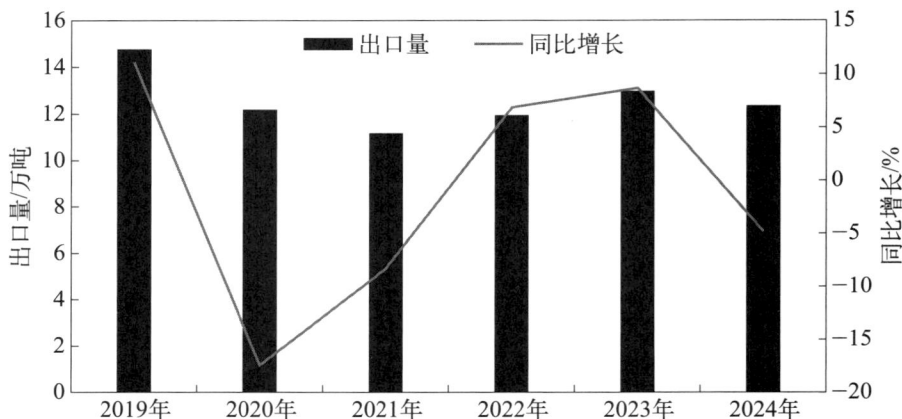

图3-13　2019—2024年电石出口情况

3.5　成本与利润

电石作为重要的化工基础原料，其生产成本结构正面临严峻挑战。根据最新行业数据显示，电力成本已成为电石生产企业最大的负担，占比超过总成本的50%。这种成本结构的失衡正在持续挤压企业的利润空间。

在原料构成方面，电石生产主要依赖的要素：首先是优质的石灰石，这是提供钙元素的基础原料；其次是兰炭或焦炭，主要作为还原剂，2024年兰炭年均价格达到968.7元/吨，按照干基计算，每吨电石生产需要775元兰炭；电力供应对维持电石炉高温反应起着决定性作用。

从区域电价来看，我国主要电石产区呈现明显分化。内蒙古、宁夏等西北地区凭借资源优势，电价维持在0.42～0.45元/（kWh）的较低水平。相比之下，陕西地区电价较高，达到0.55～0.60元/（kWh）。以乌海地区为例，按照0.42元/（kWh）的电价计算，仅电力一项就占到了吨电石成本的半壁江山。

成本明细分析显示，以乌海为例，2024年吨电石的综合成本达到2975元，其中：电力成本约1500元（占比50.4%），兰炭成本775元（26.1%），商品石灰成本300元

（10.1%），其他成本合计400元（13.4%），详见图3-14。然而市场现实却很残酷，2024年电石年均价仅为2701.2元/吨，这意味着每生产一吨电石，企业就要承受273.8元的亏损。

这种成本倒挂现象正在引发行业的深度调整。部分企业开始寻求技术改造以降低电耗，有的则考虑向电价更优惠的地区迁移。值得注意的是，在电力成本难以大幅降低的背景下，如何提高原料利用效率、优化生产工艺，成为电石企业突围的关键所在。

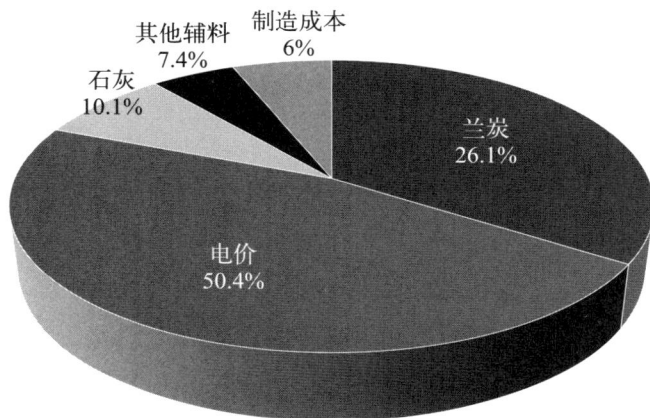

图 3-14　2024 年乌海地区电石成本构成

电石行业技术进展

4.1　行业现状与技术挑战

电石作为基础化工原材料的重要分支,行业正处于转型升级的关键节点。随着环保政策日趋严格和新能源技术的快速发展,这个传统行业正经历着前所未有的变革。当前电石行业的整体产能呈现结构性过剩态势。一方面,西北地区凭借丰富的煤炭资源和相对低廉的电力成本,形成了规模化的电石生产基地。另一方面,东部沿海地区部分生产工艺落后、环保不达标的中小型电石企业陆续关停。

环保是行业面临的首要挑战。电石生产过程中会产生大量粉尘、废气和电石渣等污染物。随着"双碳"目标的推进,各地政府对电石企业的环保要求不断提高。许多企业不得不投入巨资建设除尘脱硫设施和电石渣综合利用项目,这直接推高了生产成本。以山东某电石企业为例,其环保设施投入已占总投资的20%以上。

技术创新方面,行业正朝三大方向发展:一是开发密闭式电石炉技术,传统开放式电石炉的能耗高达3200kWh/t,而新型密闭炉可降至3100kWh/t以下;二是探索电石生产工艺与绿电结合的可行性,部分企业开始尝试利用光伏发电供电石生产使用;三是加强副产品综合利用,电石渣制水泥、乙炔尾气提纯等技术逐步成熟。

原材料成本波动构成另一大挑战。兰炭作为主要原料,其价格走势与煤炭市场波动高度相关。2021—2022年,兰炭价格从800元/吨飙升至1500元/吨,导致电石生产企业利润空间被严重压缩。为此,头部企业纷纷向上游延伸,通过并购煤矿或建立长期供货协议来稳定原料供应。

下游应用市场的变化也在重塑行业格局。传统聚氯乙烯行业对电石的需求增长放缓,而新兴的1,4-丁二醇等可降解材料原料的需求快速增长。这促使部分电石企业调整产品结构,向高附加值下游产品延伸。据预计,2025年用于1,4-丁二醇生产的电石占比将提升至10%以上。

未来五年,电石行业将加速优胜劣汰。具备规模优势、技术领先和产业链完整的企业将进一步扩大市场份额。同时,数字化、智能化改造将成为提升生产效率的新方向,部分先进企业已开始部署电石炉智能控制系统。

总体而言,电石行业正处于从粗放式发展向高质量发展转型的关键期。那些能够突破环保瓶颈、实现技术升级的企业,将在这个充满挑战的市场中获得新的发展机遇。

4.1.1　行业结构性矛盾突出

在产能结构性矛盾加剧的背景下,行业技术水平却取得了显著提升。通过持续的技术创新和工艺改进,多数电石装置运行效率已突破设计上限。根据调研数据显示,主流装置的运转率普遍达到98.5%以上，部分先进装置甚至创下99.8%的运转记录。换算成运行时间，这些装置的年运行时长已远远超过设计标准的8000h（约330天），这意味着实际产能释放空间远大于名义产能。

从设备结构来看，全国已建成电石炉总数接近600台，主流炉型集中在30000～36000kVA，共261台，占比43.5%；40500kVA为172台，占比28.7%；42000～63000kVA的大型电石炉84台，占比14%；超大型炉型包括81000kVA的16台和195000kVA的5台。

以上炉型设备分布格局反映出行业正逐步向大型化、高效化方向发展，但中小型设备仍占据主导地位。随着先进产能的持续释放和落后产能的淘汰，未来行业供给侧结构性改革仍将是主要挑战。特别是在环保标准日益严格、能耗双控政策持续深化的背景下，如何平衡产能优化与效益提升，将成为决定电石企业生存发展的关键因素。

2023—2024年重点新建企业装置情况详见表4-1。

表 4-1　2023—2024 年重点新建企业装置情况

企业名称	炉型 /kVA	数量 / 台
新疆金晖兆丰	48000	8
中盐内蒙古化工	40500	8
君正（鄂尔多斯）化工	48000	6
神木金泰化学	48000	10
乌海华恒科技	48000	4
内蒙古三维新材料	48000	4
英力特化工	40500	4
内蒙古君正化工	81000	6
宁夏凌云化工	40500	2
可达拉克银皓化工	48000	2
鄂尔多斯同源化工	60000	2
广锦新材料有限公司	48000	6

4.1.2　污染排放限值与能耗管控倒逼企业转型升级

《中共中央、国务院关于深入打好污染防治攻坚战的意见》中明确指出，"十四五"期间，要大力加强细颗粒物（PM2.5）和臭氧协同控制。氮氧化物（NO_x）是形成PM2.5和臭氧的重要前体物，是"十四五"约束性指标。石灰石和电石产业均属于高耗能、高排放行业，也是颗粒物、NO_x的重要排放源。我国是世界上唯一大规模采用电石法路线生产聚氯乙烯的国家，2024年我国电石产能4200万吨/年，占世界总产能的97%以上。

《石灰、电石工业大气污染物排放标准》（GB 41618—2022）于2023年1月1日起实施，要求新建企业自2023年1月1日起，现有企业自2024年7月1日起，执行标准规定的大气污染物排放限值及其他污染控制要求（表4-2）。标准实施后，部分企业需要开展物料储存、转移、输送、工艺过程颗粒物无组织排放控制设施升级改造，少量企业炉窑（石灰窑、干燥窑）烟气治理设施需要进行升级改造，会相应增加生产成本，但不会对供给或需求产生收缩效应，处于行业可接受水平。同时，将提高电石行业新、改、扩建项目的环境准入门槛，提升现有企业污染治理水平，推动燃料结构、燃烧技术以及窑炉结构优化，降低能源消耗，推进减污降碳协同增效，有助于推动行业绿色高质量发展，实现环境效益和经济效益的双赢。

表 4-2　大气污染物排放限值

单位：mg/m^3

生产过程	生产工序或设施	颗粒物	二氧化硫	氮氧化物	氨	氰化氢	污染物排放监控位置
矿山开采	破碎机及其他生产工序或设施	20	—	—	—	—	车间或生产设施排气筒
石灰制造	石灰窑	30（20①）	200	300	8②	—	
	出炉口及其他生产工序或设施	20	—	—	—	—	
电石制造	干燥窑	30	200	300	8②	—	
	电石炉排放口	30	50	50	—	1.9	
	出炉口及其他生产工序或设施	20	—	—	—	—	
石灰制品生产	破碎、筛分、粉磨及其他生产工序或设施	20	—	—	—	—	

① 以气体为燃料的石灰窑执行该限值。
② 烟气处理使用氨水、尿素等含氨物质。

《电石、乙酸乙烯酯、聚乙烯醇、1,4-丁二醇、双氰胺和单氰胺单位产品能源消耗限额》（GB 21343—2023）于2024年12月1日实施。标准规定现有电石生产企业能耗限定值以及新建和改扩建电石生产企业能耗准入值应符合表4-3的规定。

GB 21343—2023对GB 21343—2015、GB 30529—2014、GB 30528—2014、GB 31824—2015等标准进行了整合修订。本次标准修订根据行业发展和不同产品的耗能情况，开展了大量数据调研及统计分析工作，提出了电石、乙酸乙烯酯、聚乙烯醇、1,4-丁二醇、单氰胺和双氰胺等生产过程的能源消耗限额指标。该标准的整合修订有助于提升电石及其相关产品生产过程中的能耗控制水平，强化节能监管，有助于推动行业改进节能措施，向低碳方向发展，对实现国家节能降耗目标有重要的现实意义。

表 4-3　2023 年电石能耗限额等级

指标	能耗限额等级		
	1 级	2 级	3 级
电石单位产品综合能耗 /（kgce/t）	≤ 805	≤ 823	≤ 940
电石单位产品电炉电耗 /（kWh/t）	≤ 3000	≤ 3080	≤ 3200

4.1.3　落后产能淘汰有待加强

国家在"十四五"期间，陆续出台《工业重点领域能效标杆水平和基准水平（2023 年版）》《产业结构调整指导目录（2024 年本）》等政策文件，通过产能置换、环保能效升级、技术淘汰等组合措施，推动电石行业向集约化、清洁化方向转型。然而当前电石行业存在大量长期停产却未注销的"僵尸企业"，闲置产能占比接近 13%。这类企业受制于资产处置、债务清算等复杂因素，实际退出进度缓慢。虽然环保标准趋严和"能耗双控"等政策提高了企业合规成本，但部分落后企业通过间歇性生产或逃避监管维持经营，加剧市场供需失衡，形成低效产能反复"复活"的恶性循环。电石行业需要通过强化产能置换标准、完善地方考核机制、加大环保安全监管力度、推动行业兼并重组等综合措施协同解决，推动行业向高效、清洁方向升级，提升行业整体竞争力。

4.2　技术创新与装备升级

我国电石生产技术的革新与装备升级正推动着整个行业向高效、绿色、智能化方向转型。近年来，随着环保要求的日益严格和能源成本的持续攀升，电石企业正经历着前所未有的技术变革浪潮。

未来电石行业技术升级将集中在三个维度：一是电极系统智能化，开发自调节电极控制系统；二是能量梯级利用，构建"电-热-化"联产体系；三是数字孪生技术应用，实现全生命周期优化管理。随着国产大型密闭电石炉 40500kVA 等关键技术的突破，单位产品综合能耗有望降至 0.85 吨标煤以下，2021—2023 年我国电石行业能效"领跑者"标杆企业见表 4-4。

通过装备智能化改造和工艺优化，现代电石企业正在实现生产效率与环保绩效的双提升，为下游聚氯乙烯、乙酸乙烯酯等行业提供更清洁、更稳定的原料保障，推动整个化工产业链向绿色可持续发展转型。

表 4-4　2021—2023 年我电石行业能效"领跑者"标杆企业

2023 年		2022 年		2021 年	
企业名称	电石综合能耗 /（kgce/t）	企业名称	电石综合能耗 /（kgce/t）	企业名称	电石综合能耗 /（kgce/t）
中泰矿冶	814.0	中泰矿冶	814.5	中泰矿冶	805.5
聊城研聚	814.8	双欣化学	816.6	平煤神马	806.5
神木能源	815.1	岷江电化	818.0	新疆天业	807.0
岷江电化	816.4	神木能源	818.0		
神木电石	818.9	神木电化	823.8		

4.2.1　电石生产装置

"十四五"期间，我国的电石生产装置在能源消耗、设备运转率、智能化、数字化等方面都得到了极大的提升。

近年来，通过电石行业同仁的不断创新、探索，电石炉参数，例如极心圆、炉膛直径、炉墙厚度等得到了进一步优化。设备技术革新领域，主要实施了母线分区排布使电流进一步均化、罗茨线圈检测电极电流、升级改善三角区接触元件冷却效果、自动开启炉门等创新项目，大幅提升了电石生产装置的运行稳定性与可靠性。

智能出炉机器人的应用走在了矿热炉冶炼行业的前列，据企业反馈和协会调研，采用出炉机器人的企业已接近100%，全行业出炉岗位已经实现了"机械化换人、自动化减人"。目前，国产自动出炉机的操控性、稳定性、人机交互特性得到进一步优化升级，技术已处于世界领先水平。智能出炉机器人的大范围应用将岗位员工从高温、高辐射、高劳动强度的生产环境中解脱出来，同时，降低了消耗、提高了产量，实现了安全和效益的双丰收。

闭式循环水系统（图4-1）在电石行业的应用，实现了高精度检漏功能，很好地解

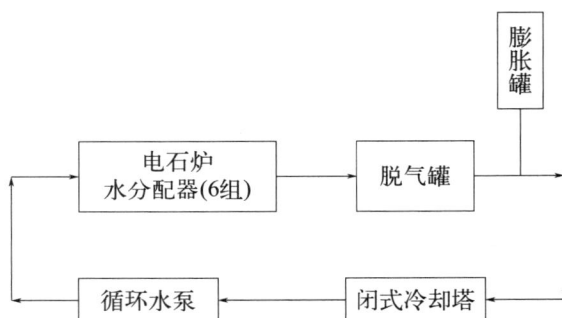

图 4-1　闭式水循环系统

决了电石生产漏水检测的痛点。闭式循环水系统在主管、单元、支管采用不同的流量监测技术，能够实现多级报警，自动化程度高；采用自动补水功能设计，后台可视性强，可实现无人值守，尤其适合对炉膛漏水要求严格的密闭电石炉，目前已经在君正化工、中石化长城能化、神木金泰化学、中泰金晖兆丰等企业应用。

4.2.2 石灰生产装置

我国电石行业在石灰石煅烧领域经历了从技术引进到自主创新的跨越式发展。2010年前后，新型煅烧装备的问世，开启了行业绿色转型的新篇章。这一转变不仅提升了工艺水平，更推动了整个产业链的可持续发展。

（1）核心技术突破引领行业变革

无焰燃烧技术的应用大幅提升了热效率，同时减少了有害气体排放；过程脱硫技术解决了二氧化硫污染难题；多级燃烧系统实现了燃料的梯级利用；还原燃烧和气固混合燃料燃烧技术则为资源综合利用开辟了新途径。这些创新使我国石灰石煅烧技术实现了从"跟跑"到"领跑"的转变。

（2）主流窑型的技术经济性

目前，气烧石灰窑仍是电石行业最重要的炉气利用方式，占密闭式电石炉气利用的87%。当前，我国电石企业配套的石灰窑窑型基本有四大类，分别为双梁窑、套筒窑、回转窑、双膛窑。据不完全统计，电石企业现配套上述四种石灰窑合计323台（套），其中套筒窑占26.6%、双梁窑占26.9%、双膛窑占15.8%、回转窑占15.5%、其他机械竖窑等占15.2%。套筒窑、双膛窑、回转窑等窑型在燃料选择、原料适用范围、单位热耗、耐材寿命、产品活性度等方面各有优缺点，各企业可根据自身工艺装备和原材料特点，合理选择窑型。

近年来，丹江口电化、岷江电化、内蒙古宜化、金泰镁业等单位实施了石灰窑设备更新改造，根据自身情况，选择了相应的石灰窑型。随着石灰石煅烧技术装备的不断进步，提高了石灰品质，降低了能源消耗，也有效拓宽了小粒度石灰石的利用途径。

电石企业和石灰窑制造企业共同发力，在开发低氮燃烧技术、降低尾气流量、加强余热利用、实现生产过程精细化控制等方面开展了大量工作，对石灰窑大气污染物（NO_x、SO_2）减排工作给予了重要支撑。江苏中圣园科技研发了低氮燃烧技术，该技术采用控制空燃比、半预混燃烧器、烟气循环燃烧等技术，通过低氮燃烧可减少燃烧过程NO_x的产生量，适用于采用气体、固体或混烧燃料的石灰窑，一般可使烟气中NO_x产生浓度减少10%以上，如果实现精准配风和燃料均布等智能控制，烟气中NO_x产生浓度可以减少30%以上。

4.2.3 炭材干燥装置

近年来行业新建、改造更新的炭材干燥装置仍以立式烘干窑为主，立式烘干窑具有破损率低、设备投资低、热耗低等显著特点。随着余热利用技术的成熟，基本消除了立式烘干"出红料"的问题，已经得到行业的广泛认可。全行业超过50家大中企业应用立式烘干窑，超过166台（套）装置投入生产，部分装置实现了石灰窑尾气、烟气余热综合利用，石灰窑烟气送至炭材干燥窑替代部分空气做助燃风或替代空气与燃烧后的烟气混合用于烘干炭材，每吨电石可以降低炭材烘干能耗8～15kgce，降低污染物排放量的同时可以实现节能降耗。

2023年工业和信息化部为推动电石行业转型升级，发布《电石行业规范条件》，文件要求电石炉炉气净化除尘灰等应在厂区密闭化贮存，采用焚烧等方式进行无害化处理；电石炉炉气、电石生产过程产生的含炭粉料（包括筛下物和除尘灰）应100%回收和综合利用。行业内将净化灰通过密闭管道气力输送或封闭车辆运输至炭材烘干工序或其他燃烧装置，作为炭材干燥窑烘干气源沸腾炉或其他燃烧装置的燃料，可以替代烘干燃料用量的40%～80%。

2024年北京航化节能与蓝山屯河公司合作开发了航天电石净化灰洁净焚烧技术，该技术工艺特点主要有：炉膛温度场均匀，易于控制NO_x的产生量，炉内脱硝可实现脱除NO_x的效果，NO_x排放浓度小于150mg/m³；净化灰燃烧彻底，炉渣残碳率＜1%，便于后期资源化利用；装置运行稳定性好，不易结渣，运行周期长，现场环境清洁友好。其技术原理详见图4-2。

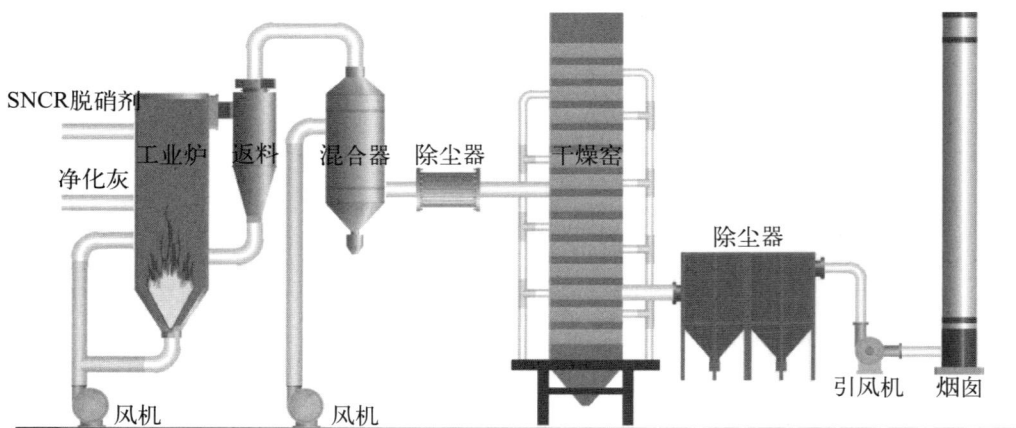

图 4-2　净化灰洁净焚烧技术原理

4.2.4 节能技术

近年来，铁合金行业以及钢铁冶炼行业在直流冶炼技术方面做了很多探索，内蒙古、贵州很多直流矿热炉已经落地。电石行业对直流冶炼技术的研究和应用还是保持审慎的态度，目前杭州日芝的三相变频柔性电源技术已经在神木市1台16500kVA电石炉上应用，据悉，青海某电石企业也与日芝签署了合作协议。

常规三相工频炉存在的主要问题：三相电极负载阻抗不同，引起三相电网功率不平衡；三相功率调整不灵活；存在短网阻抗，电网功率因数较低，降低了冶炼效率；引起周围金属材料涡流损耗等问题。三相低频供电的优点；低频供电能有效削弱电极集肤效应，促使电极呈平底状，电弧稳定，电极烧损小；减小短网无功；减小涡流损耗；增加电磁搅拌力；热力均匀，炉料升温快，加速还原反应等。

从电石炉冶炼工业化实验数据可知，采用柔性变频数字化技术，易操作，电极工作端长度控制好后，只调整电流给定值就可以提高或降低电炉总功率；停炉后负荷提升速度快，送电没有冲击电流，更有利于错峰生产；因低频电源弧光高温区在炉子底部，烟气温度以及料面温度低，可以更好地保护炉体设备、降低电炉电耗等。详见图4-3。

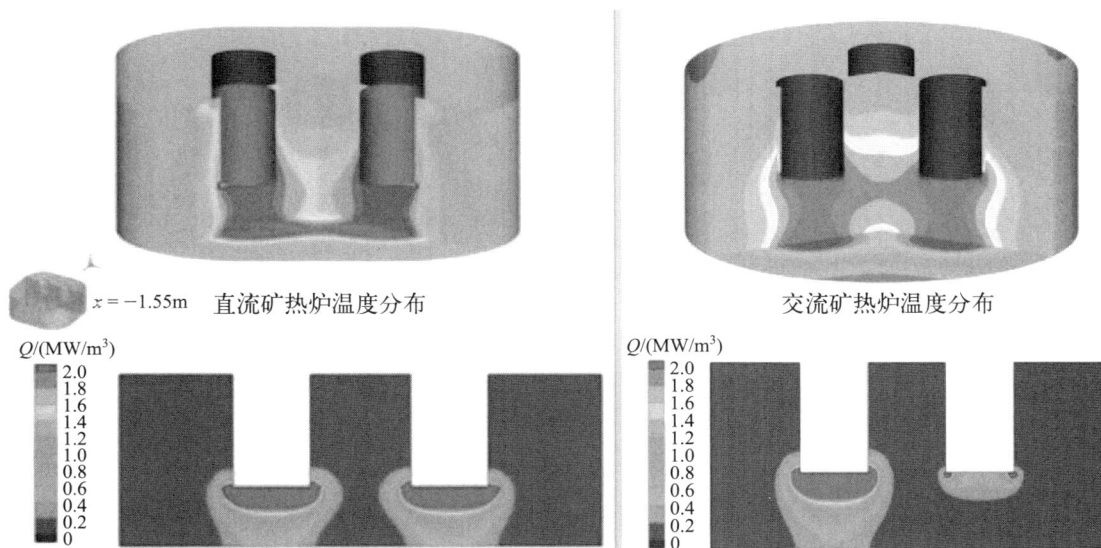

图 4-3　柔性变频数字化技术

4.2.5　资源综合利用技术

2022年国家发展改革委、工业和信息化部等四部委发布《高耗能行业重点领域节能降碳改造升级实施指南（2022年版）》的通知，《电石行业节能降碳改造升级实施指南》同时发布，指南中给出了前沿技术与绿色技术、资源综合利用、余热余压利用等12项前沿技术工艺，较好地指引了行业绿色低碳发展路径。

指南发布后，各项技术在不断推进升级优化，以电石炉气热管余热回收技术为例，某公司40500kVA电石炉烟气净化系统二级沉降罐增设余热装置,拆除原净化系统一级或二级沉降罐,用热管余热回收装置替代;煤气流量5000m³/h,煤气进口温度550℃。该余热装置能源产出:蒸汽压力0.8MPa,每小时产汽量0.8t。余热回收装置对电石炉生产有显著促进作用:有效克服了天气等自然因素对炉气净化降温的影响;通过加大换热管的排布间距成功解决了粉尘因黏性搭桥而产生的堆积现象,保障装置满产、超产运行;精确控制净化过滤器进口温度,提高除尘器布袋的使用寿命。该技术有较高的生产价值和明显的经济效益,目前已在内蒙古君正化工、鄂尔多斯同源化工等上下游配套企业实施,获得了使用单位的认可。

以内蒙古某电石企业导热油发电技术为例,配备了4座日产300t的双梁式气烧石灰窑,并在此基础上采用导热油余热发电技术,建成了有机朗肯循环(ORC)发电项目。热源温度为172~197℃,运行压力为0.3MPa,流量190×4m³/h。经测算,该工况下发电功率为1.7MW。按照年运行8000h计算,年发电量为1360万kWh。扣除自身耗电120万kWh,实际对外输出电量为1240万kWh。这些电力接入10kV高压配电室母线上,可实现自发自用。自系统投运以来运行稳定可靠。蒸发器进/出口有机工质温度分别维持在110℃和220℃;一级膨胀机平均转速约8000r/min;二级膨胀机平均转速约3000r/min;发电功率1.4~1.6MW,日发电近3.5万kWh。该项目每年可实现增收500余万元,投资回收期约2~3年。

有机朗肯循环(ORC)机组工作原理详见图4-4。

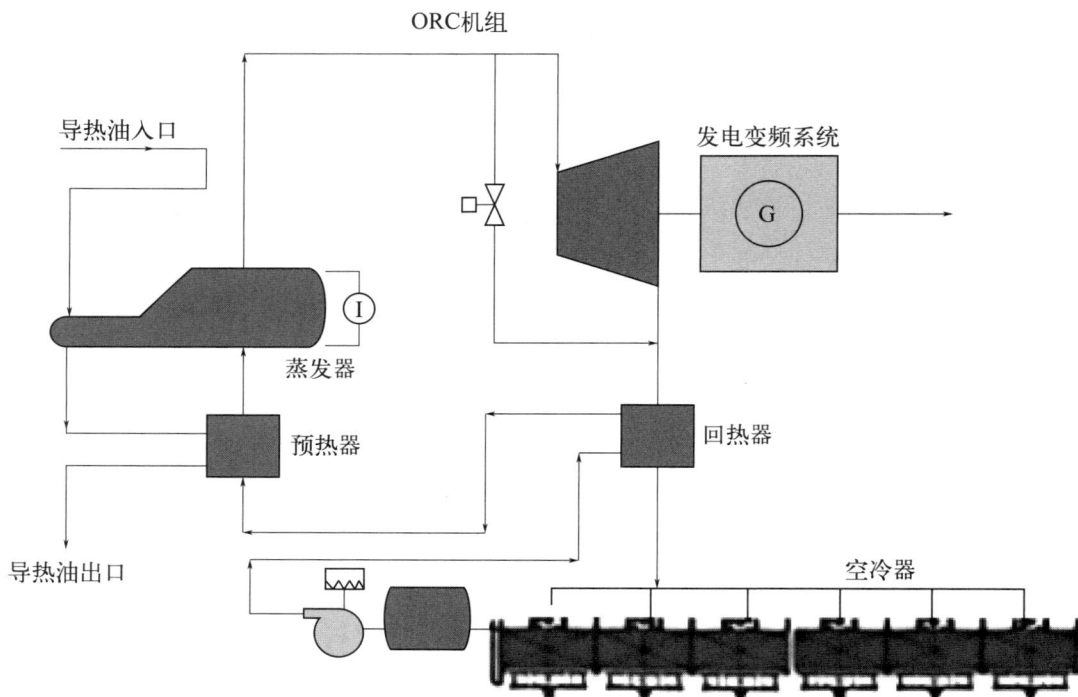

图 4-4　有机朗肯循环(ORC)机组工作原理图

4.2.6　新材料与新工艺

2022年《电石行业节能降碳改造升级实施指南》发布以后，矿热炉尾气合成甲醇/二甲醚、电石炉气生物发酵制乙醇等低碳技术引发行业关注。但受制于早期电石炉气配套石灰生产的工艺路径，以及"以煤代气"审批环节存在的政策壁垒，相关技术产业化进程受阻。在此背景下，行业领军企业通过技术创新开辟了电石炉气高值化利用新路径。

内蒙古君正化工开发的"焦炉煤气/电石炉尾气耦合制甲醇技术"，创新性地将焦炉尾气与电石炉尾气耦合，采用无硫等温变换、纤维床预处理、高压PSA提氢、焦炉气分段多级离心压缩、四塔精馏、11000m³干湿联合闭式循环水系统等多项先进工艺，将尾气转化成甲醇。该工艺发挥焦炉气"富氢"与电石炉气"富碳"资源优势，通过灵活调整碳氢比，显著减少了变换需求。对比传统尾气制甲醇工艺，每少变换1000m³的一氧化碳，可直接减少二氧化碳的排放量1000m³。

2024年，宁夏乾洋循环化新材料有限公司利用工业尾气综合利用技术，建设了年产15万吨碳酸二甲酯（DMC）、6万吨碳酸甲乙酯（EMC）等储能新材料产品线，形成"工业废气-基础原料-高端材料"的闭环产业链。

2025年2月，鄂尔多斯市双欣化学年产10万吨碳酸二甲酯（DMC）项目变更环评报告书已进入受理阶段。该项目利用电石炉气生产高附加值产品，项目建设内容涵盖石灰窑气改煤装置、CO提纯装置、DMC装置、EMC/DEC装置。该项目设计年产100000吨电池级碳酸二甲酯（DMC）、23393吨电池级碳酸甲乙酯（EMC）以及6612吨电池级碳酸二乙酯（DEC），此外还会产出工业级副产品4938吨。项目的建设将为企业产品结构调整和循环经济产业链的深度延伸发挥重要作用。

生物制乙醇技术也得到电石行业同仁的持续关注和研究，2024年底内蒙古伊泰化工有限责任公司与巨鹏生物科技有限公司共同建设生物发酵法制10万吨乙醇联产2万吨菌体蛋白示范项目。利用伊泰化工的生产尾气作为原料，经气体预处理、发酵、蒸馏脱水等工艺，生产无水乙醇和新型饲料蛋白，实现了煤化工尾气及CO_2的高效资源化利用。巨鹏生物对一氧化碳的转化率超过90%，对于乙醇的选择性超过98%，可以生产乙醇和菌体蛋白，单台发酵罐产能可达3万～4万吨/年。高效碳转化（$CO+CO_2$）气体发酵制乙醇技术一氧化碳转化率达99.5%，二氧化碳转化率达96%，总碳的转化率达97.5%，几乎全部有效转化成乙醇和菌体蛋白。生物制乙醇工艺流程详见图4-5。

2024年5月，宁夏首朗吉元新能源科技有限公司的5万吨/年燃料乙醇项目在石嘴山市顺利投产，采用北京首钢朗泽新能源科技有限公司的气体生物发酵燃料制乙醇技术。以含一氧化碳的电石（硅锰合金矿热炉）尾气为原料，年处理尾气量高达3亿立方米，可年产燃料乙醇5万吨、蛋白粉5000吨。

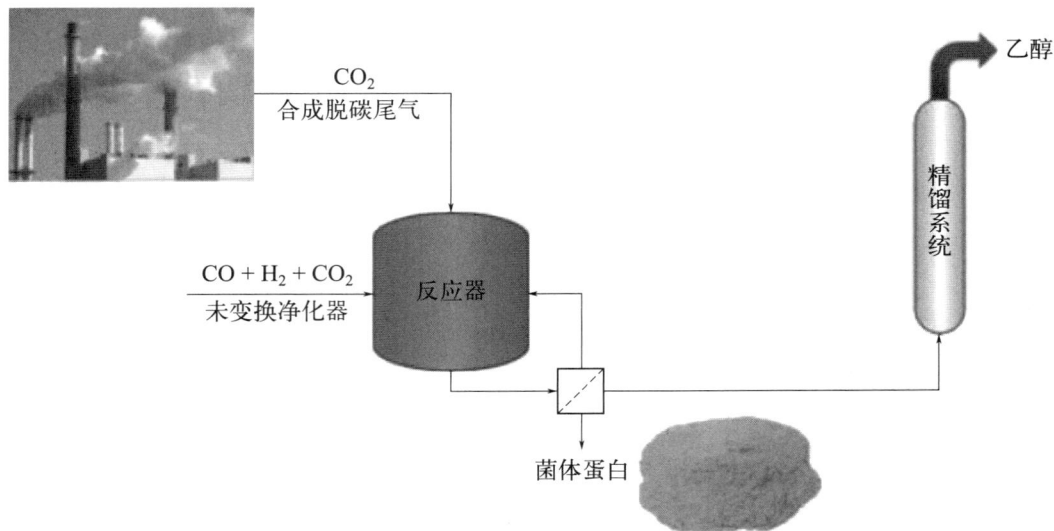

图 4-5　生物制乙醇工艺流程图

4.2.7　智能制造技术

"十四五"期间，电石行业在智能制造技术方面取得了长足的进步，电石生产的自动化水平显著提高。随着国家宏观政策引导和产业结构调整的推进，电石行业从龙头引领逐步转型升级到全行业重视并关注智能制造技术以提升生产效率和经营质量。

自动化与信息化融合：以新疆中泰、山东信发研聚为代表的企业率先推进生产自动化与信息化的深度融合，引入智能控制系统，通过大数据自学习技术、数字孪生、模拟算法等技术，实现对生产过程的实时监测和精准控制，减少了人为干预，提高了生产稳定性和安全性。

智能装备应用：在装备升级方面，电石行业大力推广智能机器人、自动化电极壳制作生产线、无人巡检平台、巡检机器人、智能行车等先进智能装备，以替代传统人工操作，不仅大幅提升了生产效率，还显著改善了作业环境，切实减轻了一线员工的劳动强度。

数据分析与优化：部分企业通过收集和分析生产数据，利用大数据和人工智能技术进行优化决策，如预测设备故障、优化生产计划等，云端算力与边缘计算协同，支持工厂级 AI 决策，从而提高了资源利用率和经济效益。

依托流程型制造特性，近年来电石企业通过实施全流程数字孪生建模、智能装备应用等工程，实现了生产运维成本的下降、装置运行效率的提升，因而电石行业在智能制造方面具备良好的发展基础和前景。

某电石企业智能冶炼系统详见图 4-6。

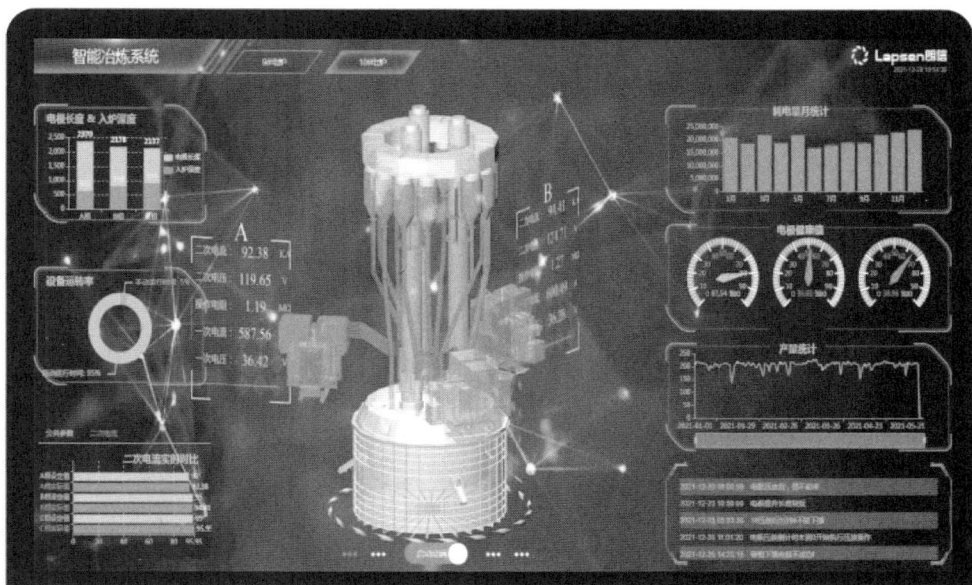

图 4-6 某电石企业智能冶炼系统

4.3 市场需求与政策导向

4.3.1 市场需求驱动

聚氯乙烯作为电石最大下游应用,近年来乙烯法聚氯乙烯产能逐年上升,2023年较2019年增加7个百分点,占比达26%。未来,随着沿海地区乙烯法聚氯乙烯产能逐渐释放,其工艺占比仍有继续放大的趋势。随着煤制烯烃技术的快速发展,其生产成本优势对传统电石乙炔法聚氯乙烯产业形成强烈冲击,倒逼电石企业加快技术创新步伐,积极研发高效节能工艺与先进装备,以稳固自身在市场中的竞争地位。

同时,1,4-丁二醇产能预计超500万吨的扩张计划,直接驱动电石制乙炔工艺向大型化、连续化反应装备迭代。

4.3.2 政策引导作用

国家发展改革委等部门共同发布了《关于严格能效约束推动重点领域节能降碳的若干意见》,各省区也纷纷出台配套政策。明确到2025年,通过实施节能降碳行动,电石等重点行业达到标杆水平的产能比例超过30%,行业整体能效水平明显提升,碳排放强度明显下降,绿色低碳发展能力显著增强。到2030年,重点行业能效基准水平和标杆水平进一步提高,达到标杆水平企业比例大幅提升,行业整体能效水平和碳排放强度达到国际先进水平，为如期实现碳达峰目标提供有力支撑。

2024年10月内蒙古自治区发展改革委、工信厅、能源局等3个部门出台《关于建立高耗能企业可再生能源电力强制消费机制若干措施》，提出了实施存量高耗能企业可再生能源电力强制消费机制、实施新上高耗能项目可再生能源电力消纳承诺制、明确企业可再生能源电力消费核算范围、避免绿证对应电量重复计算、摸清高耗能企业能效家底、加强可再生能源电力消费调度监管、完善盟市节能目标考核制度、强化激励约束等8条措施。这些措施对提高高耗能企业绿色竞争力，推动高耗能、高排放、低水平产业向高能效、高"绿电"、低排放产业转变，加力完成"十四五"能耗强度下降目标任务，推动经济社会发展全面绿色转型具有重要意义。

陕西省发展和改革委员会印发《关于2025年电力市场化交易有关事项的通知》。通知指出，大力支持可再生能源、新型主体发展。扩大风电、光伏及丰水期富余水电交易电量规模，完善适应可再生能源参与的市场交易机制，鼓励发电企业与用户签订多年期合同。鼓励新型主体参与现货市场，适当拉大峰谷分时价差，为新型储能、虚拟电厂、电动汽车充电设施等新型主体发展创造条件，助力新型电力系统建设。鼓励虚拟电厂、储能等灵活调节资源参与现货市场。

工业和信息化部等七部门共同发布《关于印发推动工业领域设备更新实施方案的通知》，明确要求重点行业能效基准水平以下产能基本退出，主要用能设备能效基本达到节能水平，本质安全水平明显提升。原材料制造业加快无人运输车辆等新型智能装备部署应用，推进催化裂化、冶炼等重大工艺装备智能化改造升级，推动重点用能行业、重点环节推广应用节能环保绿色装备，推动工业等各领域锅炉、电机、变压器、泵等重点用能设备更新换代，推广应用能效二级及以上节能设备。

"十五五"期间，电石行业将形成"能效约束＋绿电转型＋数字赋能"的政策驱动，通过电价机制改革、强制绿电消纳与设备更新补贴等组合拳，推动行业向"低碳化、智能化、循环化"跨越，头部企业可通过技术集成（如"绿电＋储能＋智能制造"）构建差异化竞争力。

4.3.3 法规与标准导向

党中央高度重视原材料工业发展，强调材料是制造业的基础，要下大气力推动钢铁、有色、石化、化工、建材等传统产业优化升级。党的二十届三中全会提出"以国家标准提升引领传统产业优化升级，支持企业用数智技术、绿色技术改造提升传统产业"。标准在原材料工业发展中发挥着基础性、引领性作用。为落实党的二十届三中全会重大改革任务，工业和信息化部、生态环境部、应急管理部、国家标准化管理委员会联合印发《标准提升引领原材料工业优化升级行动方案（2025—2027年）》，以标准体系建设为切入口和发力点，发挥标准"指挥棒"作用，引领原材料工业供给高端化、结构合理化、发展绿色化、产业数字化、体系安全化发展，为发展新质生产力，推进新型工业化，加快建设制造强国构筑坚实支撑。

电石行业在构建支撑绿色健康发展的标准体系基础上，立足国家战略导向和产业政策要求，前瞻布局具有引领作用的标准化文件。当前标准化工作已由传统的自下而上申报模式转变为顶层规划引领模式，着力实现"三位一体"协同机制——标准制定与国家战略同步谋划、与产业规划联动实施、与配套政策统筹推进，从而系统性构建支撑行业高质量发展的新型标准体系。电石行业标准文件汇总详见表4-5。

表 4-5　电石行业标准文件汇总

序号	标准名称	标准号	标准状态	备注
1	碳化钙（电石）	GB 10665—2004	现行	正在修订
2	危险货物电石包装检验安全规范	GB 19453—2009	现行	
3	电石生产安全技术规程	GB/T 32375—2015	现行	正在征求意见
4	石灰、电石工业大气污染物排放标准	GB 41618—2022	现行	
5	电石、乙酸乙烯酯、聚乙烯醇、1,4-丁二醇、双氰胺和单氰胺单位产品能源消耗限额	GB 21343—2023	现行	
6	清洁生产标准　电石行业	HJ/T 430—2008	现行	
7	电石生产企业安全生产标准化实施指南	AQ 3038—2010	现行	整合合并为通用规范，征求意见
8	电石炉	JB/T 12496—2015	现行	
9	电石炉变压器技术参数和要求	JB/T 6303—2016	现行	
10	电石企业温室气体排放核查技术规范	RB/T 255—2018	现行	
11	电石行业节能监察技术规范	HG/T 5903—2021	现行	
12	电石企业节能诊断技术规范	HG/T 6031—2022	现行	
13	能源管理体系 氯碱和电石企业认证要求	RB/T 113—2023	现行	
14	电石行业绿色工厂评价要求	HG/T 6194—2023	现行	
15	电石用兰炭	T/CPCIF 0055—2020	发布	
16	电石用氧化钙	T/CPCIF 0056—2020	发布	
17	电石渣生产氧化钙	T/CPCIF 0057—2020	发布	
18	电石行业绿色工厂评价要求	T/CPCIF 0099—2021	发布	
19	电石装置安全设计规范	T/CCIAC 001—2022	发布	
20	电石炉低压无功补偿技术导则	T/CCIAC 002—2022	发布	

续表

序号	标准名称	标准号	标准状态	备注
21	电石生产用石灰窑技术规范	T/CCIAC 003—2022	发布	
22	电石出炉机器人安全要求	T/CCIAC 004—2022	发布	
23	电石工业污染防治可行技术指南	T/CCIAC 005—2024	发布	
24	电石生产工艺过程危险与可操作性分析应用指南	T/CCIAC 006—2024	发布	
25	电石企业装置安全检修规范	T/CCIAC 00x—202x	编制	
26	密闭电石炉技术规范	T/CCIAC 00x—202x	编制	
27	电石用立式烘干装置技术规范	T/CCIAC 00x—202x	编制	
28	电石炉气干法净化装置技术规范	T/CCIAC 00x—202x	编制	
29	散装电石产品道路运输管理规范	T/CCIAC 00x—202x	编制	
30	智能化电石输送线技术标准	T/CCIAC 00x—202x	编制	
31	电石渣悬浮法煅烧氧化钙装置技术规范	T/CCIAC 00x—202x	编制	
32	温室气体 产品碳足迹量化方法与要求 碳化钙（电石）	T/CCIAC 00x—202x	编制	

下游产品
市场简析

中国是世界上聚氯乙烯（PVC）的生产和消费大国，拥有全球超过40%的聚氯乙烯产能。聚氯乙烯也是电石最大的下游产品，其消耗的电石量约占整个电石产量的82.06%。除PVC外，其他电石下游产品的消费情况：1,4-丁二醇占比8.8%；乙酸乙烯酯占比2.96%；乙炔及其他占比为2.35%，详见图5-1。

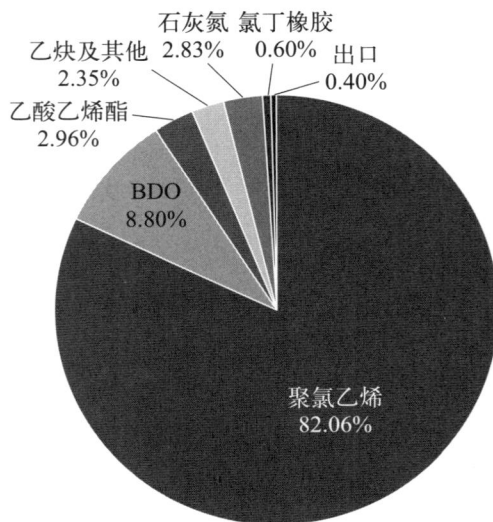

图 5-1　2024 年电石下游消费占比情况

5.1　聚氯乙烯行业

5.1.1　全球聚氯乙烯发展现状

自2020年开始，受新冠肺炎疫情影响，全球聚氯乙烯需求有所下降，但随着疫情缓解，预计到2025年全球聚氯乙烯产量仍会不断增加，达到约5450万吨。2020年，全球聚氯乙烯贸易总量约900万吨。当前最大的聚氯乙烯净出口地分别为北美、东北亚和西欧，主要进口地是印度、中东、东南亚和非洲等。据有关机构预测，预计到2025年底，全球贸易量将接近1000万吨。

5.1.2　我国聚氯乙烯发展现状

据中国氯碱协会统计，截至2024年底，国内聚氯乙烯总产能2951万吨/年，生产企业73家。电石法聚氯乙烯和乙烯法聚氯乙烯占比由之前的4：1下降到当前的3：1，未来随着"双碳"政策的不断深入，乙烯法聚氯乙烯比重会进一步提升。

以2024年的数据为例，我国聚氯乙烯产能为2951万吨/年，其中电石法聚氯乙烯产能为2183.7万吨/年，占比为74%，生产一吨电石法聚氯乙烯一般需要1.4吨电石，因此电石法聚氯乙烯未来的发展会对电石的需求形成重大影响。而乙烯法聚氯乙烯产能为767.3万吨/年，占比为26%。据卓创统计，2024年聚氯乙烯产量为2348万吨，其中电石法聚氯乙烯产量为1753万吨，占比约75%；乙烯法聚氯乙烯产量为595万吨，占比约25%。

5.1.2.1　聚氯乙烯产能变化

2011年开始聚氯乙烯产能增速有所放缓；2014—2016年，进入到市场化为主导的去产能阶段，产能连续三年下调；2017年至今，随着供给侧结构性改革不断深入，行业进入理性发展阶段。2007—2024年我国聚氯乙烯产能变化趋势详见图5-2。

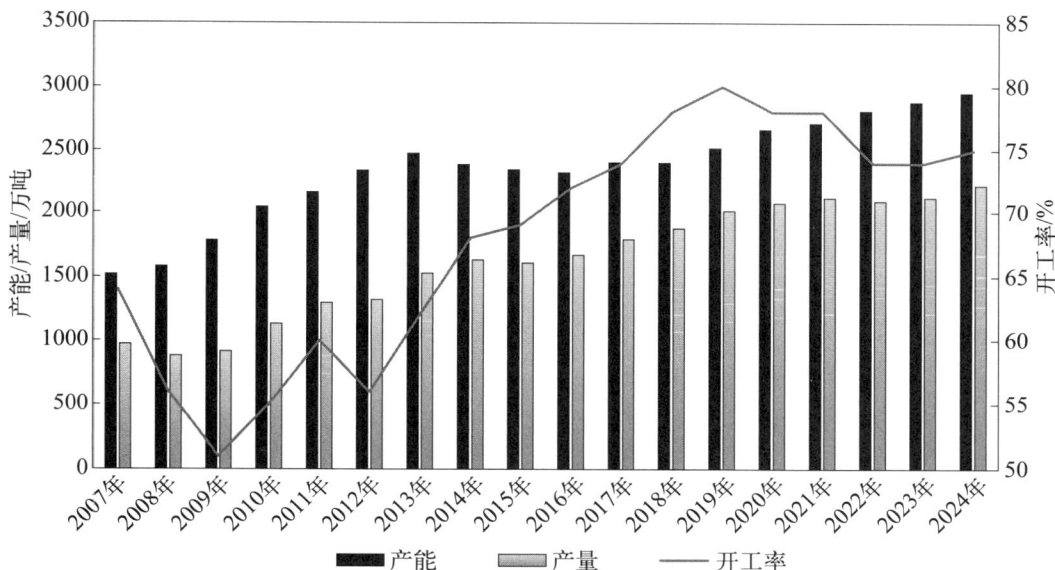

图 5-2　2007—2024 年我国聚氯乙烯产能变化趋势图

2007—2013年，我国聚氯乙烯产能呈现快速增长态势，年均增速保持在9%以上。2016年以后，我国聚氯乙烯产能保持低速平稳增长态势，年均增速保持在1.8%。据了解，2016—2021年，随着各生产成本的上升，推动了国内大宗商品市场价格的上行，聚氯乙烯价格也迎来了黄金期，企业盈利能力明显好转。

2020—2021年因国内经济增速放缓及疫情影响，聚氯乙烯产量和需求增长均受到一定抑制，行业平均开工率保持为76%。2021年氯碱行业效益呈现"前低后高"的特点；2022年受原料上涨、市场下行等因素影响，氯碱行业效益呈"前高后低"态势。2022年全国聚氯乙烯产量约2170万吨，开工率约为74%，较2021年下降4个百分点。

2023年，在出口受阻及下游需求持续低迷下，聚氯乙烯企业开工率持续走低。据中国氯碱协会统计，2009年国内聚氯乙烯行业开工率最低为51%，当时大量闲置产能未退出，竞争力较弱的产能未能及时转型，维持在低负荷状态。2010—2013年，国内聚氯乙烯整体开工率徘徊在55%～62%，之后的2014—2016年我国聚氯乙烯产能连续三年出现净减少，行业开工率也逐步提升至70%以上。近四五年行业效益取得明显好转，开工率也上涨至78%左右，但2022年下半年以来，国内聚氯乙烯市场遇到了快速下跌，尤其电石法聚氯乙烯产品亏损严重。2024年产能和产量均有小幅上涨，但受市场经济影响，消费需求低迷，开工率无明显提升。

5.1.2.2 聚氯乙烯（PVC）产能分布及工艺路线

当前我国氯碱行业的布局逐渐清晰，聚氯乙烯作为氯碱的主要产品，近年来的发展格局也趋于明朗，一批具有竞争优势的企业成为该领域的典型代表。

东部地区氯碱产业发展历史悠久，同时东南部沿海地区也是我国氯碱产品主要消费市场，依托下游需求支撑和相对便利的对外贸易条件，当地氯碱产业逐渐探索出与石化行业、氟化工、精细化工和农药等行业结合发展的模式；西部地区依托资源优势建设大型化、一体化"煤电盐化"项目，形成了几个大型氯碱产业集群，在我国氯碱行业整体布局中的重要地位日益突出；中部地区依托自身区位特点，利用临近下游重点消费领域优势发展氯碱化工，并重点发展精细耗氯产品，形成多个具有特色的氯碱产业园。2024年我国聚氯乙烯产能分布详见图5-3。

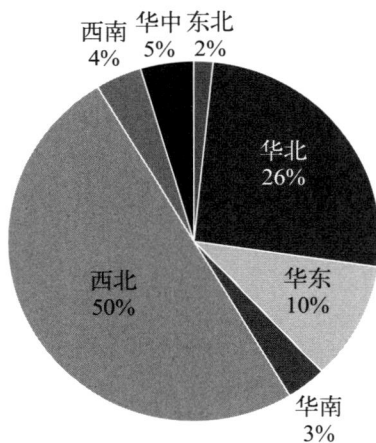

图5-3 2024年我国聚氯乙烯产能分布

聚氯乙烯产品成本主要受原料影响。随着国内外乙烯供应渠道的多元化以及我国不同地区能源矿产资源禀赋差异，国内聚氯乙烯生产企业将通过综合分析自身具备的区位优势、资源特点、物流方式等来选择原料路线，未来也将从一定程度上重塑我国聚氯乙烯供应格局。如从近两年国内乙烯法聚氯乙烯企业布局和未来规划来看，多选择在沿海地区，并且主要在具有港口资源的地域进行项目建设。这些地区适宜大宗原材料，如石油、乙烯、乙烷、二氯乙烷和氯乙烯等的进出口。未来1～3年，随着广西、福建、浙江、江苏等省份新建乙烯法聚氯乙烯项目的投产，华南、华东地区聚氯乙烯产能占比将会有所提升。

从地区分布看，现有73家聚氯乙烯生产企业分布在22个省、自治区及直辖市，平均规模达到了40万吨/年。由于各区域的经济水平、资源禀赋和市场情况存在较大的差异，各地聚氯乙烯产业发展并不均衡，局部地区企业数量众多，产能相对密集。当前西北地区依托丰富的资源能源优势，是国内电石法聚氯乙烯的低成本地区，在中国聚氯乙烯产业格局中具有重要地位。除青海盐湖集团具有一套30万吨/年的煤制烯烃工艺为原料来源的乙烯法聚氯乙烯生产装置外，全部为电石法生产工艺。华北、华东地区呈现出电石法和乙烯法长期并存发展的状态，而且得益于进口乙烯渠道和乙烯生产来源的多样化，未来2～3年内天津、浙江、江苏地区的乙烯法工艺的扩能更加集中。2024年国内聚氯乙烯各工艺产能占比详见图5-4。

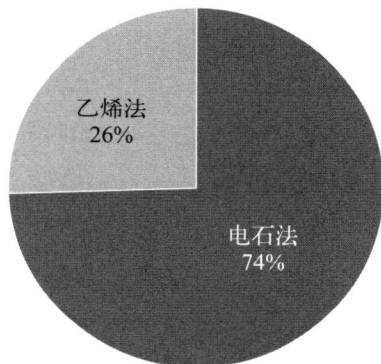

图 5-4　2024 年国内聚氯乙烯各工艺产能占比

5.1.2.3　聚氯乙烯市场走势

以西北地区为例，2008—2015年，我国聚氯乙烯价格整体延续震荡下行态势，最高价出现在2008年的8600元/吨（出厂价格），进入2009年聚氯乙烯价格因受供需的影响，跌入低谷，基本维持在6000元/吨左右；2010—2011年，聚氯乙烯价格呈现整体上涨趋势，企业效益明显好转，基本维持在7000元/吨以上。而2012—2015年，聚氯乙烯价格呈现出断崖式下跌态势，从2012年的均价6356元/吨下跌至2015年的5132元/吨，同时，2015年最低价达到4450元/吨。2016—2019年，聚氯乙烯价格又呈现缓慢上升态势，从2016年的均价5560元/吨上涨至2019年的均价6514元/吨。但进入2021年，因受能耗双控政策的影响，价格呈现出百年不遇之大好，达到历史新高14100元/吨，同时也使当年吨高低价差达7450元/吨，创历史之最；从2021年开始，聚氯乙烯价格再次进入下滑模式，2023年均价5854元/吨，2024年聚氯乙烯市场继续走低，年均价5626元/吨。2008—2024年西北地区聚氯乙烯价格情况详见图5-5和表5-1。

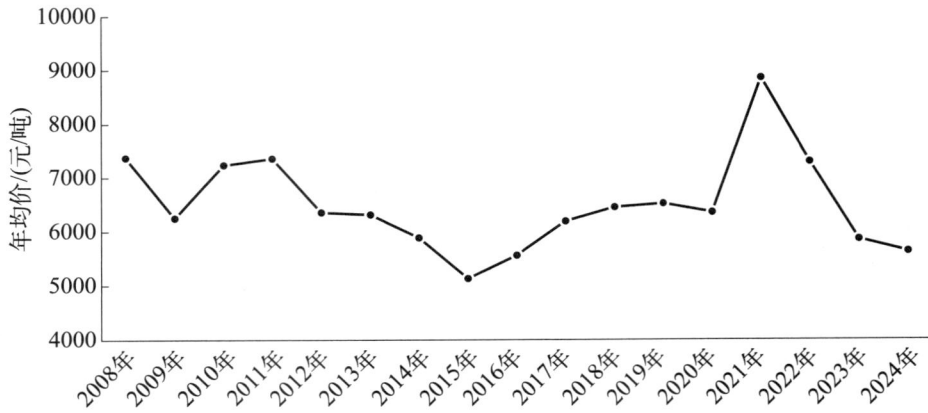

图 5-5　2008—2024 年西北地区聚氯乙烯价格走势

表 5-1　2008—2024 年西北地区电石法聚氯乙烯最高和最低价格对比

年份	最高价 /（元 / 吨）	最低价 /（元 / 吨）	高低价差 /（元 / 吨）
2008 年	8600	4900	3700
2009 年	6700	5700	1000
2010 年	8500	6550	1950
2011 年	7900	6200	1700
2012 年	6450	6000	450
2013 年	6600	6000	600
2014 年	6140	5600	540
2015 年	5800	4450	1350
2016 年	7400	4500	2900
2017 年	7350	5400	1950
2018 年	6900	5900	1000
2019 年	6900	6100	800
2020 年	8400	5050	3350
2021 年	14100	6650	7450
2022 年	8900	5550	3350
2023 年	6250	5200	1050
2024 年	6200	5080	1120

2024 年受下游需求不振的影响，聚氯乙烯行业整体需求低迷，多数企业效益严重下滑，亏损加剧。以西北地区为例：

第一季度：聚氯乙烯整体运行平稳，无明显涨跌，价格基本维持在 5650 ~ 5750 元/吨，企业维持微利状态。

第二季度：聚氯乙烯价格上行，涨幅高达500元/吨，整体处于高位运行，价格基本维持在6000～6100元/吨，企业效益较为可观。

第三季度：随着上游电石市场的持续走低，国内聚氯乙烯价格也进入断崖式下跌状态，持续走低，整体跌幅达到500～600元/吨。

但进入第四季度，一开始随着传统旺季"金九银十"的到来市场有小幅调涨，但随后又开启了下行，价格一度跌至5000元/吨附近，企业生产运营压力进一步增大，企业亏损加剧。

2024年西北地区聚氯乙烯月均价走势详见图5-6。

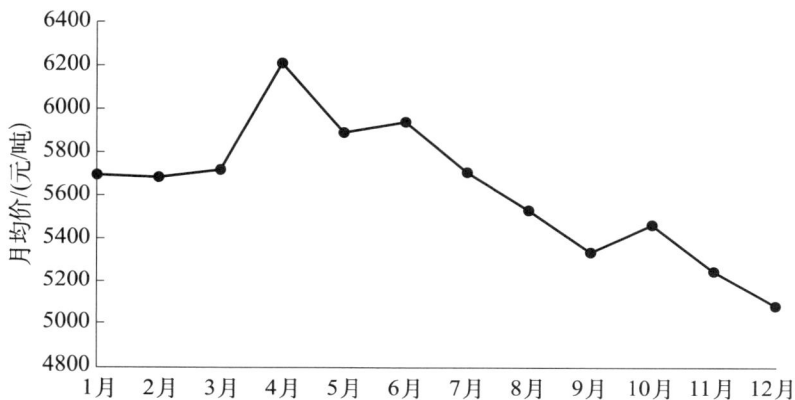

图 5-6　2024 年西北地区聚氯乙烯月均价走势

5.1.2.4　聚氯乙烯下游需求

我国的聚氯乙烯主要用于生产管材和型材，而管材和型材主要用于房地产行业。近年来，随着国家对房地产调控力度的加大，房地产行业正进入一个调整期和低速发展阶段，用于房地产的管材和型材数量将有所减少，在聚氯乙烯消费结构的占比会一步萎缩。而聚氯乙烯地板、聚氯乙烯管、聚氯乙烯医用制品、聚氯乙烯车用制品等创新领域则成为消费增长的新方向。近年发展迅速的聚氯乙烯地板，在北美和欧洲普遍的通胀压力下，出口增速减缓，对国内聚氯乙烯市场的支撑力度有所减弱。

目前我国塑料管道行业年生产能力保持在3000万吨以上，发展稳定，但部分地区的中型企业经营困难较大，小微企业相对更为艰难，企业数量有减少趋势，订单向大型企业集中，行业集中度进一步提升。

当前国内塑料管道生产企业主要集中在沿海和经济发达地区。广东、浙江、山东三省的塑料管道产量接近全国一半。华南、华东地区塑料管道产量之和占全国的60%以上。

老旧小区改造为聚氯乙烯型材带来新机遇。2015年开始，国内塑料型材在重要城市、重点工程、高品位高质量的高端消费市场上被铝合金型材替代的情况增多，塑料型材市场规模持续降低。但近几年，随着国家新基建、老旧小区改造等大型工程需求，聚氯乙烯型材需求出现一定的复苏。2020年全国新开工改造城镇老旧小区4.03万个，2021年5.56万个，2022年超过6万个小区进行了升级改造。塑料型材及配套门窗系统的较高性价比在改造过程中凸显，为行业后续发展提供了动力。2024年我国聚氯乙烯下游消费结构见图5-7。

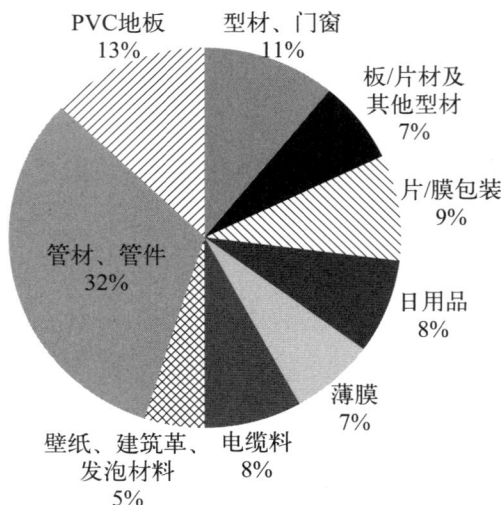

图 5-7　2024 年我国聚氯乙烯下游消费结构图

5.1.2.5　聚氯乙烯进出口情况

2010—2024年，我国聚氯乙烯纯粉整体呈现出进口量递减，而出口量递增的态势；2024年，进口量为22.3万吨，同比减少38.05%，出口量261.6万吨，同比增长14.74%。2010—2024年我国聚氯乙烯进出口情况详见图5-8。

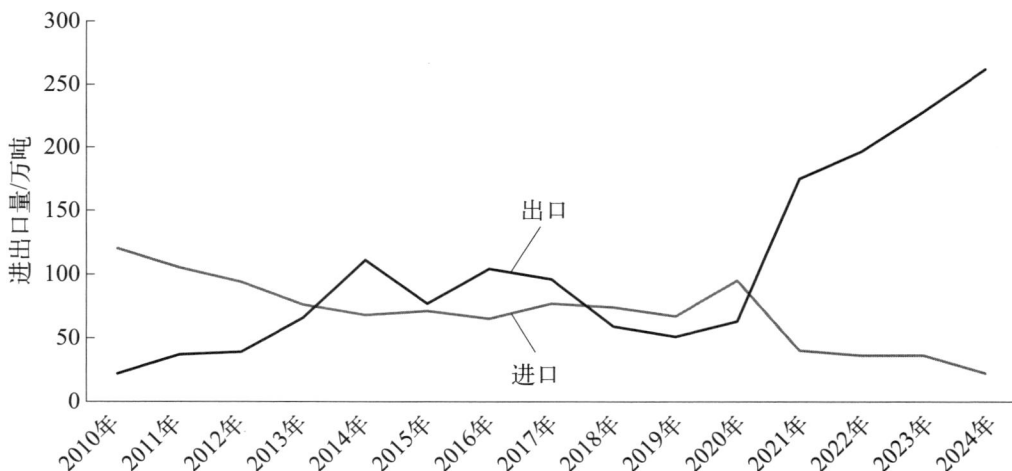

图 5-8　2010—2024 年我国聚氯乙烯进出口情况

2024年我国聚氯乙烯纯粉进口量减少明显，主要由于国内供应较为充裕，市场持续低位运行，而进口货源运费较高，综合竞争力下降。

2024年我国聚氯乙烯纯粉出口至134个国家和地区，印度是我国最大的出口目的地，占出口总量的50%以上。目前我国聚氯乙烯纯粉出口仍以一般贸易为主，占比约为72%，其次为进料加工贸易，占比约为27%。

近两年，由于海外聚氯乙烯供应出现短缺现象，加速了我国出口的窗口，海外市场需求增加，我国聚氯乙烯出口量显著提升，缓解了国内市场压力。企业应借此机遇，加强技术研发，提升产品质量，巩固国际市场地位。同时，提升环保水平，以应对日益严格的国际环保政策。

5.2　1,4-丁二醇行业

1,4-丁二醇（BDO）是一种重要的基础有机化工原料和精细化工原料，主要用于生产聚对苯二甲酸丁二醇酯（PBT）、聚四亚甲基醚二醇（PTMEG）、四氢呋喃（THF）以及聚氨酯等产品，被广泛应用于医药、化工、纺织、造纸、汽车和日化等领域，是一条十分活跃的产业链。

随着全球经济的复苏和新兴市场的发展，BDO下游需求将持续增长。特别是在医药领域，BDO可以用于生产药物中间体；在化工领域，BDO可以用于生产各种化学品和聚合物；在纺织领域，BDO可以用于生产氨纶等高性能纤维。这些领域的持续发展和需求的不断增长，将为BDO市场提供广阔的发展空间。BDO下游产业链详见图5-9。

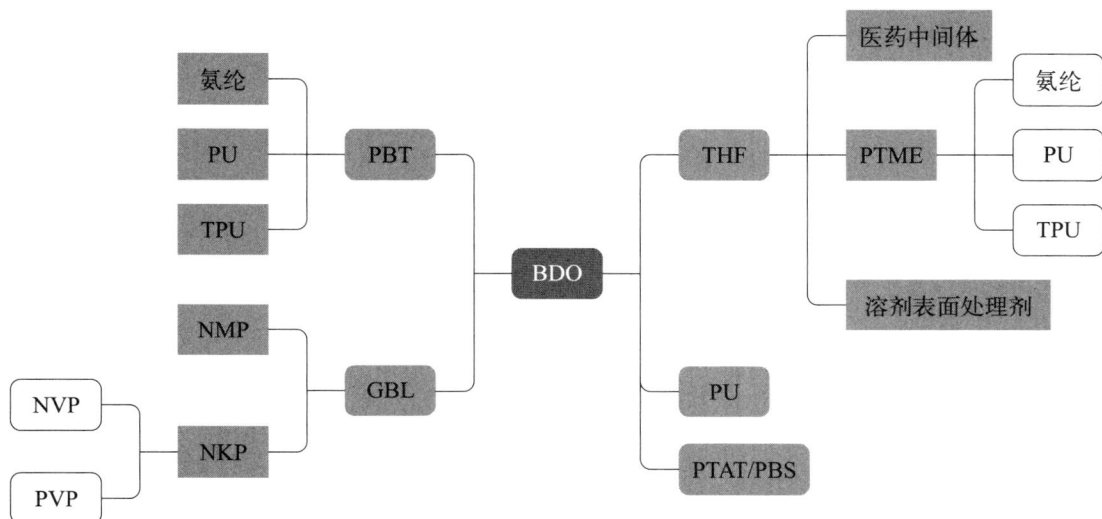

图 5-9　BDO 下游产业链

5.2.1 BDO 生产工艺

炔醛法: 由德国I.G.法本公司（BASF和拜耳等德国化工公司的前身）Reppe等开发成功，也称Reppe法。以乙炔和甲醛为原料，国内大多数企业采用该生产工艺，新增装置主要在西北。

丁二烯法: 以1,3-丁二烯、乙酸和氧气为原料，通过乙酰氧基化反应生成1,4-二乙酰氧基-2-丁烯，再加氢和水解制成1,4-丁二醇。

烯丙醇法: 由美国Lyondell化学公司和日本Kurary公司开发，由环氧丙烷异构化生成烯丙醇；烯丙醇与合成气（液相）进行加氢甲酰化反应生成4-羟基丁醛溶液；最后经加氢制得BDO。

顺酐法: 顺酐法生产BDO主要有两种工艺:顺酐直接加氢工艺和顺酐酯化加氢工艺。恒力石化60万吨/年的BDO装置，采用的是意大利CONCER的顺酐法工艺，以恒力炼化的正丁烷为原料，先生成顺酐，顺酐在辅料甲醇的作用下，两步加氢生成BDO，副产THF。

5.2.2 全球 BDO 发展现状

截至2025年5月，全球BDO产能合计约647万吨/年，亚洲产能合计约566万吨/年，约占世界产能的88%，欧洲约占7%，北美约占4%，中东约占1%。全球BDO生产集中度较高，主要企业有亚什兰、巴斯夫（BASF）、利安德巴塞尔、国际特品（ISP Marl）、南亚塑料（Nan Ya Plastics）、三菱化学、沙特IDC、韩国PTG，以及国内的代表性企业新疆美克、蓝山屯河、宁夏长城能化等。

5.2.3 我国 BDO 发展现状

截至2024年底，我国BDO产能达到571万吨/年，产量为286万吨。预计2025年将新增产能200万吨，届时BDO产能将超700万吨。

2024年BDO出口量明显增多，主要得益于全球经济复苏和我国外贸政策的优化调整，企业积极拓展国际市场，提升产品竞争力。国内表观消费量同比2023年增长16.8%，显示出国内市场需求的强劲增长。随着2025年新增产能的释放，产量将会进一步提升，表观消费量将有望继续保持增长。

2015—2024年BDO国内供需情况详见表5-2。

表 5-2 2015—2024 年 BDO 国内供需情况

序号	年份	产量/万吨	出口量/万吨	表观消费量/万吨
1	2015 年	82	0.2	81.8
2	2016 年	105	1.1	103.9

序号	年份	产量 / 万吨	出口量 / 万吨	表观消费量 / 万吨
3	2017 年	123	5.5	117.5
4	2018 年	135	4.6	130.4
5	2019 年	145	5.8	139.2
6	2020 年	155	2	153
7	2021 年	180	5	175
8	2022 年	190	6.5	183.5
9	2023 年	240	13.2	226.8
10	2024 年	286	20	266

5.2.4　BDO 市场行情

国内 BDO 市场近年来经历了剧烈的价格波动，这些起伏折射出行业供需格局的深刻变化。2014 年之前，BDO 行业享受着价格黄金期，每吨 13500 元以上的高价支撑着企业的利润空间。但随着新装置陆续投产，产能扩张速度远超下游消化能力，2014 年至 2020 年 10 月间，市场陷入持续低迷，价格在 7200 ～ 12000 元/吨的区间反复震荡。

转折出现在 2020 年末，氨纶和可降解塑料需求的爆发式增长彻底改变了市场格局。2021 年成为 BDO 行业的高光时刻，全年均价飙升至 25310 元/吨，10 月份更是突破 31000 元/吨大关，创造了前所未有的价格奇迹。这种繁荣景象如同昙花一现，2022 年市场急转直下，价格从年初的 30250 元/吨高位断崖式下跌至 9200 元/吨。

进入 2023 年，国际市场的低迷进一步抑制了下游需求，企业开工率持续走低。尽管全年价格勉强维持在 10000 元/吨以上，但多数生产商已陷入亏损困境。

2024 年行业寒冬加剧，新增产能的集中释放导致供需失衡进一步恶化，加之电石原料价格走弱，BDO 年均价跌至 8786 元/吨的新低，企业亏损面持续扩大。这种持续下行的态势，反映出行业正经历着深度调整期，市场急需新的平衡点。

2021—2024 年国内 BDO 价格变化趋势详见图 5-10。

5.2.5　BDO 下游产能分析

近年来，1,4-丁二醇作为重要的有机化工原料，其下游产业呈现快速扩张态势。从应用领域来看，形成了以 PTMEG、PBT、γ-丁内酯为代表的传统应用领域，以及以 PBAT/PBS、NMP 等为代表的新兴增长点的发展格局。

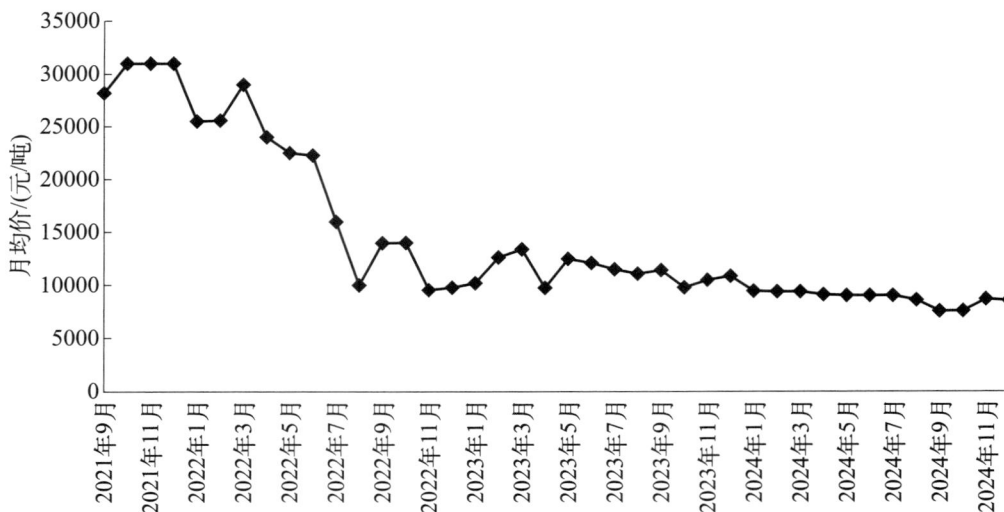

图 5-10　2021—2024 年国内 BDO 价格变化趋势

市场格局方面，PTMEG/THF 稳居主导地位，市场份额不断提升，到2024年底市场份额已达65.7%，展现出强劲的增长势头。γ-丁内酯作为第二大应用领域，2024年市场占有率达26.7%。值得关注的是PBAT/PBS这一新兴领域，其市场份额从2016年的不足2%快速攀升，到2024年市场份额已达20%，成为最具增长潜力的下游应用。

从产能需求来看：PTMEG领域国内现有产能102.2万吨/年，对应BDO年需求量约128万吨；γ-丁内酯现有产能69.4万吨/年，对应BDO需求量76.34万吨；PBT领域164万吨/年产能对应82万吨BDO需求；PBAT/PBS领域123万吨/年产能对应61.5万吨BDO需求。

未来发展趋势呈现三大特征：首先，传统应用领域持续扩张，氨纶产业2023年产能突破100万吨/年，2026年有望达到200万吨/年以上规模，这将直接拉动PTMEG及其上游BDO的需求。其次，环保材料爆发式增长，PBAT作为可降解塑料的重要原料，预计2024年新增产能100多万吨，成为BDO需求的新引擎。最后，新兴应用领域崛起，NMP（N-甲基吡咯烷酮）对BDO的需求预计将在2025年达到100万吨。同时γ-丁内酯产能也有望在2025年突破100万吨/年大关。

整体来看，BDO下游产业正经历结构性变革，传统应用稳健增长的同时，环保材料和特种化学品等新兴领域的发展将为BDO市场注入新的活力。这种多元化的需求格局有助于提升BDO产业的抗风险能力，也为产能扩张提供了有力支撑。

5.3　聚乙烯醇行业

聚乙烯醇（PVA）以其独特的分子结构和卓越的性能特点，正逐渐成为工业界和科研界的焦点。这种由乙酸乙烯酯聚合后水解得到的水溶性聚合物，正在全球范围内掀起一场材料应用的绿色革命。

PVA 最显著的特性源于其分子链上密集的羟基结构。这个特点赋予了它卓越的亲水性和化学稳定性，使其能在酸性和中性环境中保持稳定性能。在纺织行业，PVA 纤维因优异的力学性能和环保特性，正逐步替代传统化学纤维。其加工过程中可实现完全降解，不产生有害物质，完美契合当前绿色制造的发展趋势。

建筑领域见证了 PVA 的创新应用。作为水泥添加剂，它能显著改善混凝土的抗裂性能和耐久性。实验数据显示，添加适量 PVA 的水泥制品，其抗折强度可提升 30% 以上。而在建筑涂料中，PVA 基产品以其无毒、无味和出色的成膜性备受青睐。

医药行业对 PVA 的开发利用更令人瞩目。良好的生物相容性使其成为药物缓释载体的理想选择。研究人员已成功开发出基于 PVA 的创伤敷料，不仅能促进伤口愈合，还可实现可控降解。在医疗器械领域，PVA 水凝胶因具有与人体组织相似的力学性能，被广泛用于人工关节和软组织修复材料。

新能源产业中，PVA 正扮演着日益重要的角色。作为锂离子电池隔膜材料，其微观多孔结构能有效提升电池的安全性能。最新研究显示，改性 PVA 隔膜可使电池循环寿命延长 20% 以上。在太阳能电池领域，PVA 作为封装材料展现出优异的耐候性和透光性。

环保特性是 PVA 最引以为傲的优势。在自然环境中，PVA 可通过生物降解完全转化为水和二氧化碳，不会造成白色污染。这一特性使其在包装材料、农用薄膜等一次性用品领域具有广阔的应用前景。据统计，使用 PVA 替代传统塑料包装，可使产品碳足迹降低 40% 以上。

展望未来，随着改性技术的不断突破，PVA 的性能将得到进一步优化。纳米复合、交联改性等新工艺正在拓展 PVA 的应用边界。可以预见，这种绿色高分子材料必将在更多领域绽放光彩，为人类可持续发展贡献重要力量。

5.3.1 全球 PVA 发展现状

当前全球聚乙烯醇产业呈现出明显的区域集聚特征，形成了以东亚为核心、北美为辅助的生产版图。根据最新统计数据，全球 PVA 总产能维持在 185 万吨/年左右，其中中国以 108.5 万吨/年的产能独占鳌头，牢牢占据全球 PVA 产业链的主导地位。日本作为传统 PVA 强国仍保持约 40 万吨/年产能，而美国及其他地区合计产能约 36.5 万吨/年。

2024 年中国聚乙烯醇实际产量达到 67 万吨，产能利用率约 62%。相比之下，国际市场的开工率普遍维持在 70% 左右，据此推算全球 PVA 年产量约 130 万吨。

行业竞争格局方面，日本企业凭借深厚的技术积累保持着高端市场的领导地位。可乐丽株式会社作为全球 PVA 技术标杆，在特种树脂和薄膜领域具有不可替代性；积水化学和合成化学则分别在功能化改性和医药级PVA市场占据重要份额。

中国厂商呈现出差异化发展态势：皖维高新通过全产业链布局实现成本优化，其聚乙烯醇-乙酸乙烯酯一体化装置规模位居世界前列；中石化依托上游原料优势在通用级市场保持竞争力；双欣环保和宁夏大地则聚焦于循环经济领域，在可降解材料应用方面取得突破；台湾长春集团凭借电子级PVA产品在半导体产业链中占据独特位置。

从技术路线观察，全球PVA生产主要采用天然气乙炔法和石油乙烯法两种工艺。中国企业多采用电石乙炔法，具有明显的成本优势但在环保方面面临挑战；日本企业普遍采用石油乙烯法，产品纯度更高但成本压力较大。这种技术路线的差异直接影响了各自的市场定位和产品结构。

从未来发展趋势看，随着环保政策趋严和新兴应用领域拓展，PVA行业正在经历深刻变革。水溶性薄膜、医药辅料、液晶显示等高端应用领域的需求增长，将推动产业向高附加值方向发展。同时，生物基PVA的研发突破可能重塑现有产业格局，为具备技术创新能力的企业带来新的发展机遇。

2023年全球（不含中国）PVA生产装置情况详见表5-3。

表5-3　2023年全球（不含中国）PVA生产装置情况

序号	公司名称	产能/（万吨/年）	工艺路线
1	日本可乐丽株式会社	25.8	乙烯法
2	朝鲜顺川工厂	1	电石法
3	朝鲜"二八"维尼纶厂	0.5	电石法
4	日本积水化学工业株式会所	22	乙烯法
5	日本DK株式会社	3	乙烯法
6	日本尤尼吉卡	7	乙烯法
7	美国杜邦公司	6.5	乙烯法
8	美国首诺公司	2.8	乙烯法
9	英国辛塞默	1.2	乙烯法
10	德国瓦克	1.5	乙烯法
11	KAP（新加坡）	4	乙烯法
合计		75.3	

注：数据来源于中国化学纤维工业协会。

5.3.2　全球PVA消费情况

聚乙烯醇（PVA）下游应用呈现多元分布格局，传统应用保持稳定需求的同时，新兴领域正成为行业增长的重要驱动力。

在传统应用领域，PVA凭借其优异的性能继续占据重要市场份额。全球聚合助剂市场约消耗24%的PVA产品。黏合剂领域占比14%，广泛应用于包装、建筑等行业。这些传统应用虽然增速放缓，但仍占据基础性地位，为行业提供稳定的需求支撑。

值得注意的是，新兴应用领域正在快速崛起。在新能源产业方面，PVA在锂电池隔膜涂层和光伏封装胶膜中的应用日益广泛。生物医药领域，PVA止血材料的应用展现了其优异的生物相容性。智能包装中的水溶膜产品发展迅猛，已经占据全球PVA薄膜市场的56%份额。特别值得一提的是，偏光片作为显示器关键组件，已经成为PVA薄膜最重要的应用领域。

从区域分布来看，全球PVA消费呈现明显的地域特征。日本凭借发达的电子产业成为全球最大PVA薄膜消费市场，占全球总量的33%。中国和北美市场紧随其后，形成了三足鼎立的全球消费格局。

中国市场展现出强劲的增长潜力，到2029年中国PVA市场规模预计将达到76.9亿元人民币，期间年复合增长率有望保持在3.99%的较高水平。这种增长势头不仅来自传统行业的稳定需求，更得益于新兴应用领域的快速拓展，充分体现了PVA材料应用的广泛性。

全球PVA下游消费结构详见图5-11。

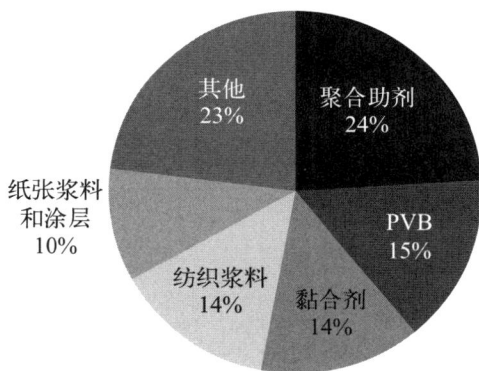

图 5-11 全球 PVA 下游消费结构

5.3.3 我国 PVA 发展现状

中国作为全球最大的聚乙烯醇生产国，其产能变化与市场格局深刻影响着全球PVA产业链。2024年数据显示，我国PVA总产能达108.5万吨/年，占全球总产能的58.6%，这一领先地位彰显了我国在该领域的重要战略地位。

从历史发展轨迹来看，我国PVA产业经历了明显的结构调整期。2016—2021年，受环保政策趋严、安全标准提升等因素影响，行业产能从124.5万吨/年缩减至100万吨/年，年均降幅约3.94%。但与产能收缩形成鲜明对比的是，同期产量保持稳健增长，2016—2020年复合增长率达7.87%，反映出行业正在向高质量发展转型。

产能利用率的变化趋势尤为值得关注。2018年行业经历低谷，产能利用率仅为49.98%，而到2021年已提升至69%，显示出行业运行效率的显著改善。2023年受多重因素影响，行业出现短期波动，产量下降至63万吨，产能利用率回落至58%，进出口均呈现两位数下滑。

进入2024年，行业呈现复苏态势。全年产量达67.82万吨，同比增长7.65%。贸易方面，进口量预计为3.71万吨，出口量21万吨，表观消费量50.5万吨。这表明国内市场需求保持稳定，同时出口市场正在逐步恢复。国内PVA产能情况详见表5-4。

表5-4 国内 PVA 产能情况

序号	生产单位	产能/（万吨/年）	工艺路线
1	上海石化股份有限公司	5	乙烯法
2	中国石化川维化工公司	16	天然气法
3	安徽皖维高新材料股份有限公司	6	乙烯法
4	内蒙古蒙维科技有限公司	20	电石乙炔法
5	广西皖维生物质科技有限公司	5	生物乙烯法
6	宁夏大地循环发展股份有限公司	13	电石乙炔法
7	内蒙古双欣环保材料有限公司	13	电石乙炔法
8	中国石化长城能源化工（宁夏）有限公司	10	电石乙炔法
9	台湾长春集团	12	乙烯法
10	湖南省湘维有限公司	8.5	电石乙炔法
合计		110	

5.3.4 我国 PVA 消费情况

聚乙烯醇（PVA）作为重要的化工原料，在我国工业体系中占据了独特地位。这种水溶性高分子化合物的消费结构呈现多元化分布，其中聚合助剂以38%的占比位居榜首，成为PVA最主要的应用领域。紧随其后的是纺织浆料市场，占总消费量的20%。纺织工业对PVA浆料的需求持续稳定，这得益于其在经纱上浆过程中优异的成膜性和黏附性。黏合剂领域则占据12%的市场份额，PVA基黏合剂因其环保无毒特性，在木材加工、包装等行业广受欢迎。

传统应用领域中，维纶生产消耗11%的PVA，虽然这一比例较以往有所下降，但在特定工业用途中仍保持稳定需求。造纸行业对PVA的消耗占比约8%，主要应用于浆料和涂层工艺，能显著提升纸张强度和印刷适性。建筑涂料领域虽仅占5%，但其增长速度值得关注，PVA在环保型建筑涂料中的应用正逐步扩大。

近年来，随着技术创新持续推进，PVA正突破传统应用边界，在新兴领域展现出蓬勃生机。在功能性薄膜方面，PVA凭借优异的阻氧性和生物降解特性，成为食品包装材料的理想选择。农业领域，PVA作为土壤改良剂能有效调节土壤结构，提高保水保肥能力。医药行业则利用其生物相容性开发新型药物载体和医用材料。

值得注意的是，随着环保法规日趋严格和可持续发展理念深入人心，PVA凭借其可生物降解、无毒环保的特性，正在替代部分传统石油基产品，这种替代效应将进一步拓展其市场空间。未来，随着功能性改性技术的突破和应用领域的持续拓展，PVA产业链将迎来更广阔的发展前景。

2024年我国PVA下游消费结构详见图5-12。

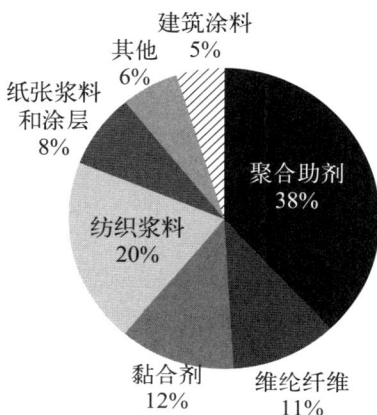

图 5-12　2024 年我国 PVA 下游消费结构

5.3.5　竞争格局与技术趋势

当前全球聚乙烯醇（PVA）行业正处于技术迭代与市场重构的关键阶段。从国际竞争格局来看，日本可乐丽和美国杜邦构筑了难以逾越的技术护城河。可乐丽不仅牢牢掌控着全球光学膜市场60%的份额，其产品性能指标更成为行业标杆。杜邦则依托超高分子量PVA在医疗等高端应用领域建立垄断地位，这些特种产品国产化率至今未突破10%。

中国企业的突围路径呈现出鲜明的差异化特征。以皖维高新为代表的本土龙头采取了"全产业链＋成本管控"的双轮驱动策略。通过垂直整合从电石到PVA树脂的完整生产链，成功将中端产品成本压缩至国际同类产品的85%左右。值得注意的是，皖维在光学膜领域的技术攻关已取得实质性突破，其开发的液晶显示屏用光学膜透光率已提升至41%～42%，这项关键指标与可乐丽的差距缩小到3个百分点以内。凭借性价比优势，中国企业在中端应用市场的国产化率已攀升至75%，形成局部竞争优势。

技术演进方面呈现出三大明确趋势：首先，产品结构持续向高端化迁移，PVB中间膜作为汽车挡风玻璃核心材料，其市场需求以每年12%的速度增长；水溶膜在农药包装等环保领域的渗透率更是达到25%的年增长率。其次，绿色生产技术取得革命性突破，采用生物质原料的新工艺不仅使吨成本下降18%，更将产品碳足迹削减40%以上。重庆川维化工开发的循环经济技术体系，通过副产物深度利用将每吨PVA的碳排放控制在1.4吨，这一数值较传统工艺降低65%。最后，数字化转型正在重塑生产范式，基于机器学习的工艺优化系统可实现实时参数调整，使产品良率稳定在93%以上，同时将原本15天的订单交付周期压缩至7天内。

未来的竞争焦点将集中在医用级PVA纤维和柔性显示用光学膜两大领域。随着皖维高新投资12亿元建设的特种PVA项目投产，中国企业在高端市场的份额有望实现阶梯式跃升。而在碳中和背景下，采用生物基原料的第三代PVA生产技术或将成为改变全球产业格局的关键变量。

5.3.6　政策与挑战

聚乙烯醇（PVA）产业正迎来前所未有的发展机遇与变革挑战。在全球绿色转型和产业链重构的大背景下，这一传统化工材料正在焕发新的生机。

（1）政策驱动方面，国内外双重力量正在重塑行业格局

中国"十四五"规划将PVA列为重点攻关材料，内蒙古等资源富集地区通过电价补贴等优惠政策，有力推动了低碳工艺的产业化进程。以某龙头企业为例，其采用绿电生产的PVA产品碳足迹降低40%，每吨可获得200元的政策红利。与此同时，欧盟碳边境调节机制的实施形成倒逼效应，预计2027年完全实施后，传统工艺生产的PVA出口成本将增加15%～20%。这促使国内企业加速布局生物基原料路线，目前已有3家企业建成万吨级示范装置。

（2）技术创新是突破发展瓶颈的关键

在高端应用领域，日本可乐丽公司垄断着厚度仅15μm的超薄膜生产技术，其产品占据全球OLED用PVA膜90%的市场份额。国内某科研团队经过5年攻关，近期在电子级PVA纯化技术上取得突破，产品纯度达到99.998%，距离国际顶尖水平仅一步之遥。但产业化进程仍需克服设备精度、工艺稳定性等难题，预计完全国产化还需3～5年时间。

（3）原材料供应波动成为影响行业稳定性的重要因素

2022年乙酸乙烯酯价格暴涨60%，导致行业平均利润率降至3.8%。龙头企业正积极拓展多元化原料渠道，如某上市公司在新疆建设的煤基乙酸乙烯酯项目原料自给率可达70%。生物质路线也取得进展，以玉米秸秆为原料的二代技术已完成中试，生产成本较传统路线降低20%。

（4）国际竞争格局日趋复杂

日本三菱化学构筑了包含200余项核心专利的技术壁垒，美国企业则通过并购整合强化市场控制力。中国企业的突破口在于细分领域创新，如某专精特新企业开发的医用级PVA已通过FDA认证，产品毛利率达42%。RCEP生效后，东南亚市场成为新增长点，2023年上半年出口量同比增长35%，预计到2025年将形成50万吨的增量市场。

未来行业发展将呈现明显的分层特征。传统纺织浆料等低端市场将维持3%～5%的微利状态，而电子、医疗等高端领域则保持30%以上的毛利率。特别值得关注的是水处理膜市场的爆发，随着环保标准提升，预计2025年该领域PVA需求将突破20万吨。某券商研报指出，具备全产业链布局和技术创新能力的企业，有望在行业洗牌中占据主导地位。

全球碳中和背景下，PVA产业的绿色转型势在必行。某智库预测，到2030年，采用低碳工艺的PVA产品溢价能力将达到15%～20%，生物基PVA市场份额有望提升至30%。这既是一场技术竞赛，更是一次产业链价值的重新定义。

5.4　氰氨化钙行业

氰氨化钙（石灰氮）是一种无机化合物，分子式为$CaCN_2$，纯的氰氨化钙是无色结晶体，是药、肥两用的土壤净化剂，具有"肥效"和"药效"双重作用。石灰氮遇水产生单氰胺、双氰胺，能杀灭有害病原菌及线虫等有害生物。

在现代化学工业的版图中，氰胺系列产品犹如一位技艺精湛的多面手，以其独特的化学性质和广泛的应用场景，悄然渗透进人类生产生活的方方面面。这个以氰氨化钙为基础的化学家族，正在书写着从田间地头到九天之上的传奇故事。

在农业领域，氰氨化钙遇水分解产生的单氰胺和双氰胺分子，既能抑制有害微生物的生长，又能为作物提供缓释养分。这种"一箭双雕"的特性，使其成为现代农业不可或缺的土壤改良剂。更令人称奇的是，经由氰胺化合物制备的新型农药，在保障粮食安全的同时，大幅降低了传统农药的环境残留。

在制药领域，药物化学家们利用氰胺基团的反应活性，构建出各种药物分子的核心骨架。从抗击感染的抗生素到对抗肿瘤的靶向药物，众多临床治疗药物的分子设计中都离不开氰胺化合物的参与。某些含有氰胺结构的抗病毒药物展现出显著的治疗效果。

在工业制造领域，氰胺系列产品应用广泛。作为交联剂，它能增强特种涂料的抗腐蚀、耐磨性能；在电子芯片制造中，高纯度氰胺化合物可用于纳米级精密加工；在纺织染色时，含氰胺固色剂可提升染料附着度，保障色彩持久。

在新材料研发前沿，氰胺化合物不断实现创新突破。化学家通过精准的分子设计，将其融入功能材料，催生出智能胶黏剂、阻燃复合材料、重金属吸附净水材料等一系列高科技产品。

更值得关注的是，氰胺化合物在航天与军工领域也发挥着重要作用。作为航天器推进剂的关键组分，为太空探索提供强劲动力；在军工领域，特殊氰胺衍生物凭借其独特性能，成为守护国家安全的重要战略物资。

从全球格局来看，中国、日本、德国等国家在该领域具有较强的技术优势和生产能力。其中中国凭借完整的产业链配套和规模优势，已经成为全球氰胺产品的重要生产基地。展望未来，随着绿色化学理念的深入人心和制造技术的迭代升级，氰胺工业正迎来新的发展机遇。在科技与产业融合的大潮中，氰胺化合物必将继续发挥其独特作用，为人类文明进步贡献化学智慧。

5.4.1 国外氰氨化钙发展现状

从技术层面来看，日本企业在高端产品领域保持着显著的技术领先优势。其生产的农药级氰氨化钙产品纯度可达98%以上，远高于工业级产品的标准。这种技术壁垒使得日本产品在国际市场上享有20%～30%的溢价空间。值得注意的是，日本国内市场的年需求量稳定在12万～15万吨区间，其中约60%用于农业生产领域。

欧洲市场呈现出差异化发展态势。德国、法国等西欧国家更注重环保型产品的研发，其生产工艺中采用了先进的尾气回收技术，氮利用率提升至92%以上。而东欧地区则以成本优势见长，产品主要销往中东和非洲市场。

北美市场的供给结构较为特殊。受环保法规限制，当地生产企业数量从2010年的8家缩减至目前的3家，产能集中度显著提升。这导致该地区年进口量持续增长，2022年达到创纪录的8.7万吨，其中约70%来自中国供应商。

5.4.2 我国氰氨化钙发展现状

我国凭借得天独厚的资源优势和完善的产业链条，已成为全球最大的氰氨化钙生产基地。其中宁夏回族自治区依托丰富的煤炭资源，形成了以石嘴山市为核心的生产集群，该地区年产能约占全国的45%。山东生产基地则凭借沿海区位优势，在出口贸易方面占据重要地位。截至2024年，全国共有18家氰氨化钙生产企业，总产能达到193万吨/年（表5-5），实际年产量约为100万吨。作为基础氰胺产品，氰氨化钙广泛应用于农业、化工等领域。

目前，我国双氰胺行业供给侧结构性改革持续深入，行业整合进程加速，落后产能不断淘汰，而宁夏太康药业有限公司、宁夏嘉峰化工有限公司、贝利特化学股份有限公司等企业则通过技术升级、产能扩张等方式来巩固市场地位，引领着我国双氰胺产业的发展。太康药业的双氰胺装置改扩建后产能将达到10万吨/年，不仅将实现企业产值跨百亿的目标，还将占据世界双氰胺产业的半壁江山，占据世界产能的50%左右，成为同行业规模最大的生产企业。

值得注意的是，氰胺下游产品开发已进入快速发展阶段。各企业不断加大研发投入，新品种层出不穷。特别是在电子级、医药级高端产品方面取得重大突破，部分产品已打破国外技术垄断。

展望未来，随着新能源、电子信息等战略性新兴产业的快速发展，氰胺产品市场需求将持续增长。业内专家预测，到2030年我国氰胺产业规模有望再翻一番，高端产品占比将显著提升。

表 5-5　2024 年我国氰氨化钙主要生产企业

序号	地区	单位名称	产能/（万吨/年）
1	山西	山阴县石星化工有限责任公司	12
2	内蒙古	乌海市广宇安顺化工有限公司	
3	内蒙古	内蒙古欣皓医药科技有限公司	31.5
4	内蒙古	内蒙古金九龙冶金有限公司	
5	宁夏	石嘴山市鹏盛化工有限公司	
6	宁夏	宁夏煜林化工有限公司	
7	宁夏	宁夏英力特化工股份有限公司	
8	宁夏	宁夏祥美化工有限公司	
9	宁夏	宁夏太康药业有限公司	
10	宁夏	宁夏凌云化工有限公司	
11	宁夏	宁夏蓝白黑化工股份有限公司	149.5
12	宁夏	宁夏锦华锐峰化工有限公司	
13	宁夏	宁夏锦华化工有限公司	
14	宁夏	宁夏嘉峰化工有限公司	
15	宁夏	宁夏华岳化工有限公司	
16	宁夏	宁夏广纳精细化工有限公司	
17	宁夏	宁夏贝利特化工有限公司	
18	宁夏	宁夏宝马化工集团有限公司	
合计			193

5.4.3　我国氰氨化钙消费情况

双氰胺是氰氨化钙的主要衍生物，其最初的用途是制造三聚氰胺。随着工业技术的迅速发展，以双氰胺为原料的高性能化学品的应用日趋广泛。双氰胺主要用于生产脒盐、特种树脂、阻燃剂等，在医药、农药、化肥、钢铁、建筑、印染、造纸、涂料、交联剂、电路板、水处理等各个行业都有应用。在精细化工产品方面，双氰胺产业已形成相当规模。2024年，全国16家双氰胺生产企业总产能达35.46万吨/年（表5-6），产品主要用于医药、染料、电子化学品等高附加值产品领域。

表 5-6　2024 年我国主要双氰胺生产企业

序号	地区	单位名称	产能/（万吨/年）
1	山西	山阴县石星化工有限责任公司	2
2	内蒙古	内蒙古欣皓医药科技有限公司	2.5
3	甘肃	甘肃省靖远县金达化工有限公司	1.36
4	甘肃	甘肃通用化工厂	
5	甘肃	古浪鑫淼精细化工有限公司	
6	宁夏	宁夏宝马化工集团有限公司	29.6
7	宁夏	宁夏贝利特化工有限公司	
8	宁夏	宁夏大荣化工冶金有限公司	
9	宁夏	宁夏嘉峰化工有限公司	
10	宁夏	宁夏锦华化工有限公司	
11	宁夏	宁夏蓝白黑化工股份有限公司	
12	宁夏	宁夏凌云化工有限公司	
13	宁夏	宁夏太康药业有限公司	
14	宁夏	宁夏煜林化工有限公司	
15	宁夏	宁夏长和化工有限公司	
16	宁夏	石嘴山市鹏盛化工有限公司	
合计			35.46

单氰胺是一种重要的化工原料和有机中间体，它不仅作为医药原料和农药中间体使用，还可用于保健产品、饲料添加剂、阻燃剂等的合成。目前工业生产单氰胺主要有五种方法：石灰氮法、脲法、氢氰酸法、尿素制备氰胺法以及氨法等。国内主要采用石灰氮法生产工艺。

目前国内单氰胺生产主要集中在宁夏地区。2024年我国我单氰胺生产企业详见表5-7。

表 5-7 2024 年我国我单氰胺生产企业

序号	地区	单位名称	产能 /（万吨 / 年）
1	山东	山东益丰生化环保股份有限公司	3
2	江苏	南通德大化工有限公司	4.6
3	江苏	泰兴市泰鹏医药化工有限公司	
4	江苏	泰兴市康龙医药化工有限公司	
5	江苏	江苏南通如皋市中如化工有限公司	
6	宁夏	宁夏嘉峰化工有限公司	17
7	宁夏	宁夏恒泰生物科技有限公司	
8	宁夏	宁夏奥斯化工有限公司	
9	宁夏	宁夏宝马化工集团有限公司	
10	宁夏	平罗县祥美化工有限公司	
11	宁夏	宁夏锦华化工有限公司	
12	宁夏	宁夏太康药业有限公司	
合计			24.6

5.4.4 氰氨化钙及其下游氰胺产品发展前景

氰胺行业作为重要的基础化工领域，其产品广泛应用于国民经济的多个关键环节。该行业已发展成为农药、医药等诸多产业不可或缺的原材料供应商和中间体提供者。

当前全球面临粮食安全、公共卫生和环境保护等重大议题，这些领域对氰胺产品的需求呈现出刚性增长态势。特别是在农药制造和医药研发两大应用领域，氰胺产品的市场前景尤为广阔。随着社会持续进步和经济稳健发展，相关下游产业对氰胺产品的需求量将持续攀升，这将为整个氰胺行业创造更大的发展空间和增长机遇。

① 农药、医药行业的刚性需求增长为氰胺行业的发展提供了重要保障。农药、医药是氰胺行业产品的两大主要下游应用领域，氰胺产品是新烟碱杀虫剂不可或缺的原材料和中间体，在杀菌剂、植物生长调节剂的生产中也有应用；以氰胺产品为原料和中间体的医药产品种类众多，涵盖抗菌消炎类、抗病毒类、降血糖类、抗肿瘤类和驱虫类等多种药物。

农药是农业生产中最重要的生产资料之一，为在有限的自然资源情况下满足社会对农产品的需求发挥着重大作用，未来对农药刚性需求将继续维持。随着社会医疗保障体系的不断完善、人口总量增长、人类寿命的增加和人口老龄化趋势，对医药行业产品的需求总体呈刚性且上升趋势，为包括氰胺产业在内的上游产业链的市场需求提供了保障。

② 以宁夏为代表的氰胺产业为引领行业可持续发展提供了重要保障。氰胺上游原料资源丰富，上下游产业配套资源优势突出，近年来氰胺下游产业向宁夏地区转移

趋势明显。当前全球氰胺产业主要集中在我国宁夏石嘴山地区，产能占到世界产能的80%以上，占国内95%以上，此地区已经形成了以氰氨化钙、双氰胺、胍盐等产品为主的、较为成熟的氰胺产业体系。国内氰胺原料生产企业除甘肃古浪鑫淼等企业外，其余11家全部位于石嘴山市，上游电石生产企业12家，电石产能为360万吨/年；氰胺及下游企业11家，产能35.9万吨/年，产品涉及电石、氰氨化钙、单氰胺、双氰胺、肌酸、胍盐、硫脲等，形成了研发、生产、销售基本配套，上下游紧密合作的工业体系，涌现出宁夏嘉峰化工有限公司、贝利特化学股份有限公司、宁夏太康药业有限公司、石嘴山市鹏盛化工有限公司等在世界氰胺产业领域最具话语权的龙头企业和行业优势企业。这些企业通过发挥自身优势，向双氰胺产品精细化、专用化、高端化发展迈出了新的一步，推动整个氰胺产业向高端化、绿色化、智能化方向发展。

③ 产业链纵向延伸，一体化企业将更具备竞争优势。氰胺行业的前端产品为氰氨化钙，目前行业主流的工艺为电石法，是资源消耗型产品，技术门槛较低。氰胺产品产业链越往下延伸，工艺越复杂、技术门槛越高。形成氰氨化钙、氰胺精细化学品产业链一体化的企业可以通过构建技术壁垒获得更高的市场回报，利用多样化的产品满足更多细分市场需求，从而在竞争中更具优势。如，宁夏嘉峰化工有限公司已形成"石灰—电石—石灰氮系列—单氰胺系列—双氰胺系列—胍盐系列—医药产品—新材料"的循环经济产业链，拥有9个系列30个氰胺及衍生产品、40余项专利，产品远销44个国家和地区，其将充分发挥好"链主"的引领带动作用，致力于打造氰胺、医药、氟化工新材料、储能新材料暨碳中和产业集群。同时，其公司拥有行业中最大单体产能的2×10万吨石灰氮转窑、5万吨技术操作水平领先的硝酸胍粗品产能、6万吨30%单氰胺冷冻浓缩和低温浓缩技术应用。其旗下子公司恒康科技建成全球最大的1万吨二甲双胍生产线等。宁夏太康药业通过不断努力创新，不仅启动了氰胺产业三年攻坚突破计划，而且在产品推陈出新方面也取得了重要突破，投资建成了年产1万吨电子级双氰胺生产线。电子级双氰胺因其优良的绝缘性能，作为固化剂用于覆铜板玻璃布浸胶工艺中。覆铜板的生产主要集中在日本、中国和韩国，中国覆铜板行业协会统计资料显示，国际上用于覆铜板行业的电子级双氰胺每年约35000吨。可见，全球范围内电子级双氰胺的需求量十分大，而我国是世界氰胺产业大国，在双氰胺产品的生产方面占据得天独厚的优势。

④ 数字化技术的运用将推动氰胺行业高质量发展。《国家"十四五"数字经济发展规划》明确提出，全面系统推动企业研发设计、生产加工、经营管理、销售服务等业务数字化转型，加快培育一批"专精特新"中小企业和制造业单项冠军企业。氰胺产业属于技术密集度高、专业性较强的精细化工领域，通过数字化转型可以提高经营管理效率和安全生产的管控水平，进一步推动氰胺产业转型升级和高质量发展。

⑤ 绿色低碳和循环经济成为行业发展的主要方向。随着绿色低碳和循环经济理念的推广，以及全球生态环保意识的日益增强，相关政策要求趋严。氰胺行业以电石为主要原料，属于资源消耗型行业，氰胺产业的升级将通过延伸产业链以优化产业结构，

走科技先导型、资源节约型、生态保护型发展之路。

当前，随着我国环保政策趋严、市场竞争加剧，我国氰胺行业内缺乏竞争优势的企业迫于环保和经营压力停产或减产。领先企业则通过并购重组、技术升级、产能整合等，继续扩大氰胺化工在医药、农药等下游精细化工领域的生产规模，不断丰富产品体系，已开发了满足医药、农药、印染、环保、造纸、新材料、电子科技、航天等不同领域需求的吡啶、噻唑、胍盐等十几种氰胺下游产品，同时，部分产品已进入国家重点支持的高新技术领域，形成以双氰胺及下游胍盐类中间体为主导的循环经济产业链。

5.5　氯丁橡胶行业

氯丁橡胶（CR）作为首个实现商业化生产的合成弹性体，在1930年由杜邦实验室偶然发现。最初以DuPrene®为商品名，后更名为Neoprene®，并于1931年正式推向市场。该材料分为固体和乳胶两大类别，其中固体级CR主要应用于工业领域，如汽车软管、传动带等产品制造；乳胶级CR则广泛用于黏合剂及浸渍制品生产，包括医用防护手套等产品。目前全球主要生产基地分布在美国、德国、日本和中国等地区。

氯丁橡胶被广泛用于制造各类耐候制品，如电缆护套、铁路垫片等；耐热阻燃产品，如工业输送带、管道衬里等；耐油耐化学品设备配件，如密封件、工业胶辊等。此外，在胶布制品、鞋材及黏合剂等领域也有重要应用。

2022年全球氯丁橡胶消费量为27.1万吨，预计2025年将达到30万吨。2022—2028年年均增长率预计为2.9%。中国、美国、日本和印度为全球主要消费市场，合计占据2022年总消费量的50%以上。中国是最大消费国；日本则是最大生产国和出口国，其产量的近三分之二出口至亚洲其他地区。

5.5.1　我国氯丁橡胶发展现状

我国氯丁橡胶产业的发展历程可以追溯到20世纪50年代。当时，中国科学院长春应用化学研究所率先启动了电石乙炔法合成氯丁橡胶的科研项目，并在1953年成功建成月产450千克的中试装置。经过多年发展，目前国内氯丁橡胶总产能达到8万吨/年。

从生产情况看，2022年国内氯丁橡胶装置运行不稳定，部分企业停产时间长达2～4个月，导致全年总产量约为4.7万吨，较2021年下降7%。由于国内产能无法完全满足市场需求，我国仍需持续进口氯丁橡胶。数据显示，2022年进口量为1.43万吨，同比降幅达19.4%。

氯丁橡胶凭借其优异的物理性能，在橡胶制品制造领域应用广泛。近年来，随着汽车等下游产业的快速发展，国内企业对氯丁橡胶的需求持续增长。目前，我国氯丁橡胶年需求量稳定在5万～6万吨，市场规模不断扩大。

5.5.2　氯丁橡胶生产工艺

氯丁橡胶的制造工艺主要包括乙炔法和丁二烯氯化法两种方式。从生产成本来看，乙炔法的投入显著高于丁二烯氯化法。当前国际市场上，大多数氯丁橡胶生产商采用的是更为先进的丁二烯氯化法工艺。由于该技术的核心专利被国外企业控制，这些跨国公司为保持行业优势地位，严格限制技术转让。这导致我国氯丁橡胶行业仍以传统的乙炔法为主要生产路线。目前国内两大主要生产企业——山西合成橡胶公司和重庆长寿化工有限责任公司，均采用源自20世纪中叶Nairit公司的乙炔法生产技术。与采用相同工艺路线的日本电气化学公司相比，我国企业在能源利用效率、生产安全管控、环保表现以及产品质量等多个方面都存在明显差距。特别值得注意的是，我国乙炔利用率仅有60%左右，而日本同行已达到82%的高水平。

5.5.3　氯丁橡胶行业发展趋势

（1）产业格局

全球氯丁橡胶市场呈现出多维度的细分特征。在生产工艺方面，主要包括丁二烯法和乙炔法两种技术路线；产品类别则涵盖通用型、预交联型、硫调型和慢结晶型等多个等级；应用领域涉及工业橡胶制品、黏合剂和乳胶制品等行业；终端用户则分布在汽车制造、工业生产、日常消费和医疗设备等多个领域。

（2）区域发展态势

亚太地区凭借旺盛的汽车需求，持续占据全球最大的市场份额。其中，日本在该区域市场处于领先地位，而中国和印度作为重要的生产和消费国也发挥着关键作用。北美地区受益于技术革新，市场增速明显提升。欧洲市场则随着建筑和汽车产业的复苏展现出新的增长潜力。

（3）机遇与挑战

氯丁橡胶项目具有显著的经济价值和战略意义。该项目不仅能充分利用现有原料资源，降低投资成本，还能优化氯碱平衡，实现业务多元化发展。但企业需要审慎评估资源、技术、人才等关键要素，避免盲目投资带来的经营风险。

值得注意的是，电石作为重要原料，其应用领域正在发生变化。除氯丁橡胶生产外，还可用于溶解乙炔、乙炔炭黑等产品制造，但目前这些领域的市场需求呈现萎缩态势。据统计，2024年溶解乙炔行业消耗电石约150万吨，其他下游领域共消耗30万吨。

电石行业的
问题与挑战

近年来，在国家持续加强宏观调控力度背景下，电石行业积极推进产业结构优化升级，在技术创新、装备智能化改造等领域取得了长足进展。然而，行业发展仍面临产能结构性过剩、市场供需失衡、市场疲软、成本高企等深层次矛盾。

6.1　产能过剩与市场竞争

在过去的几年中，受聚氯乙烯（PVC）、1,4-丁二醇（BDO）等下游产业高速发展驱动，电石行业产能与产量实现双增长。据统计，产能由2013年的3790万吨/年，增长至2023年的4100万吨/年，增长8.1%，产量由2013年的2300万吨，增长至2023年的2975万吨，增长29.3%。

2024年，除PVC、BDO等传统下游产品需求稳定增长外，基础设施建设的稳步推进及新兴产业的蓬勃兴起，也为电石需求注入了新动力，需求端维持稳健增长态势。

2024年，除聚氯乙烯、1,4-丁二醇等电石下游产品的稳定增长外，基础设施建设及新兴产业的拉动也起到一定的作用，电石的需求保持了稳定增长态势。在供给侧，众多企业不断进行技术升级和设备更新，生产效率大幅提升，产品质量更上一层楼，进一步契合了市场需求。2024年全国电石产能达到4200万吨/年，较2023年增长2.43%，电石产量达到3108万吨，创历史新高。

近年来受国内外经济低迷影响，电石下游市场行情持续疲软，电石市场供大于求现状尤为凸显，导致电石价格持续下滑。以乌海地区为例，2024年均价较2023年同期下降11.5%。特别是进入8月中下旬电石价格下降幅度达到26.5个百分点，创近年来的新低。这种供需关系使行业面临较大的市场压力。

6.1.1　长期停产"僵尸"企业

截至2024年12月底，我国有电石企业116家，产能为4200万吨/年，其中长期停产、半停产34家，占总企业数29.3%，停产合计产能517.4万吨/年，占总产能的12.3%。

在当前市场严重疲软，生产成本与销售价格倒挂的情况下，一些无市场竞争优势、无配套的电石企业选择停产检修来规避风险。如陕西地区17家企业，仅有7家勉强避峰生产；云南5家企业，只有3家企业半负荷生产；甘肃7家企业，只有2～3家维持低负荷运行；青海4家企业，长期停产3家。未来若下游市场持续萎靡不振，停产企业会越多越多，失业人员会随之增多，不利于社会的安全稳定。

2023—2024年长期停产地区闲置产能情况详见表6-1。

表 6-1 2023—2024 年长期停产地区闲置产能情况

地区	产能/（万吨/年）	数量/台
山西	15	2
内蒙古	12.6	2
宁夏	46.5	7
陕西	88.7	18
甘肃	87	12
新疆	12.6	2
河南	96	8
湖北	6	1
云南	23	4
青海	120	12
黑龙江	10	2
四川	18	3
合计	517.4	73

6.1.2 在建项目情况

近两年来，在BDO等新建项目的强力带动下，众多企业纷纷大规模兴建配套电石项目。受这一趋势影响，BDO及相关产品产量呈现出迅猛增长态势，市场供大于求的问题逐渐显现，且形势较为严峻。

随着市场竞争愈发激烈，BDO产品及相关产品市场的竞争过剩状况愈发突出。各大企业电石产量维持在较高水平，且仍在稳步增长。尽管企业或许有着稳定供应、满足市场需求的战略规划，但快速扩张的供应与相对缓慢增长的市场需求之间，矛盾已开始暴露。

面对这种供大于求的局势，企业和投资者应进行深思熟虑的决策。首先，应更加注重市场的需求预测和风险评估，避免盲目扩大产能和过度投资。其次，对于现有的产能应通过技术创新和成本控制等手段来提高效率和降低生产成本，从而在激烈的竞争中占据更有利的地位。同时，也应当更加注重市场分析、客户关系维护和产品质量等方面的提升。

总的来说，尽管BDO等产品及其配套电石项目带来了市场上的繁荣与机遇，但同时也伴随着供大于求的挑战。企业需要审慎应对这一局势，以更加科学和理性的态度来制定自己的发展策略。只有这样，才能在激烈的市场竞争中立于不败之地。

2025—2026年在建项目统计详见表6-2。

表 6-2 2025—2026 年电石在建项目情况统计

地区	产能 /（万吨 / 年）	数量 / 台
内蒙古	119	14
新疆	61	7
宁夏	6.3	1
陕西	18	2
甘肃	77.6	10
山西	15	2
辽宁	30	4
合计	300.9	66

6.2 下游消费单一，急需拓宽市场

聚氯乙烯行业作为电石下游的重要领域，以其优良的物理性能和低廉的价格，在众多领域得到了广泛应用，在国民经济中占据着举足轻重的地位。这也导致了下游消费领域对其产生了高度依赖。过度依赖PVC行业不仅限制了电石下游市场的多元化发展，还可能导致产业风险过度集中。同时，长期依赖单一领域也会降低电石产业的竞争力，阻碍行业的可持续发展。

近年来，尽管我国电石行业借助BDO产品及其产业链的发展，成功拓展了下游应用领域，有效拉动了电石消费需求。然而，由于BDO产业规划出现过热投资现象，国内配套建设了大量电石项目。在当前BDO市场前景堪忧，市场需求严重失衡的情况下，推进电石装置投产，进一步加剧了电石市场原本就已失衡的供需矛盾，使行业发展面临更为严峻的挑战。

受"富煤贫油"的能源结构所决定，电石产业的发展为保障能源安全发挥了积极的作用。近年来，我国电石下游消费领域多样化发展取得了一定的成绩，据统计，用于生产PVC的电石比重由2022年的84.36%下降至2024年的82.06%，下降了2.3个百分点，但其占比仍达到整个电石消费的80%以上。在当前乙烯原材料价格下降明显，PVC产品下游需求严重不足等不利影响下，PVC价格一降再降，与此同时，电石价格更是难兄难弟，一损俱损。

为了摆脱对PVC行业的过度依赖，拓宽电石下游市场迫在眉睫。这不仅有助于优化产业结构，实现产业的多元化发展，还可以提高电石产业的抗风险能力，为产业的可持续发展提供有力保障。此外，拓宽电石下游市场还有利于推动相关产业的发展，如新材料、新能源、化工医药等领域，从而为经济增长注入新的动力。鼓励有条件的

电石企业与相关院所、院校、技术供应商深入开展技术合作，开发经济可行的乙炔制化学品新工艺，推动电石下游多元化发展。进一步加强石灰氮应用研究，充分挖掘其作为肥料和农药的市场潜力，共同推动产业链的协同发展。

6.3　原材料价格波动及供应链稳定性

随着工业化进程的深入发展，电石原材料的市场供需关系变得日益复杂，导致了原材料价格大幅波动。近年来，电石行业面临的一个关键挑战便是电石原材料的价格波动及其引发的供应链稳定性问题。

6.3.1　电石原材料价格波动

电石，作为重要的基础化工原料，其原材料的采购价格直接影响着整个行业的生产成本和最终产品的市场价格。近年来，电石原材料价格经历了大幅度的波动，这既受市场供需关系的影响，也受到国际经济形势和政策调控的双重影响。

近年来，随着环保、安全及节能减排压力的持续加大，各种原材料价格持续高涨，特别是煤炭价格居高不下，而电石又是典型的能源密集型产品，在此背景下，助推了电石成本的不断高涨。与此同时，电石行业作为国家"能耗双控"重点监管领域，即便近年来在装置技术升级与节能降耗方面取得显著进展，但其高耗能属性仍未改变，生产每吨电石的均工艺电耗仍要达到3000 ～ 3200kWh，而某些省份为了完成能耗双控的目标，则通过提高电费、加快淘汰或者限制生产等手段，倒逼电石企业转型升级，部分企业甚至因能耗不达标被迫停产关闭。而我国的能源消费结构决定了电石产业发展仍有其必要性。目前，唯有持续深化技术创新，深挖节能降耗潜力，并大力拓展电石下游应用领域，方能推动行业健康、可持续发展。

生产电石的主要原料有生石灰（白灰）、兰炭。其中，兰炭以其特有的性质，成为我国电石生产的主要碳素原料，其固定碳含量高，比电阻大，能够有效地提高电石生产的效率和产品质量。同时，部分地区也会掺用一部分优质的无烟煤或石油焦来增加固定碳含量和炉料的比电阻。生石灰作为电石生产的助熔剂和原料之一，以其特有的化学性质和高温下的稳定性，在电石生产过程中起着关键作用。

6.3.1.1　兰炭价格走势

兰炭是一种以煤炭为原料经过特殊工艺加工而成的产品，其价格受原煤市场价格的波动影响较大。在过去的几年里，由于国际国内经济形势的变动以及资源紧张，原煤价格呈现了明显的上涨趋势。这一现象直接传导到兰炭行业，增加了其生产成本。

随着国家对环保政策的加强和能源结构的调整，兰炭行业同样也面临着重要的结构调整；随着科技的不断进步，新型的生产技术和设备逐渐替代了传统的生产方式，兰炭行业也不例外。这种变革不仅带来了生产效率的提高，也使得整个行业的产业结构发生了深刻的变化。企业为了在市场中获得更多的市场份额和利润，纷纷加大了对兰炭产品的研发和投入。这导致了兰炭行业的投资成本增加，进一步影响了其成本和价格。

近年来，在煤炭价格大涨的助推下，兰炭的价格犹如一条蜿蜒曲折的河流，不断地冲击着市场的底线。自2015年以来，兰炭的价格经历了多次起伏和波动，见图6-1。

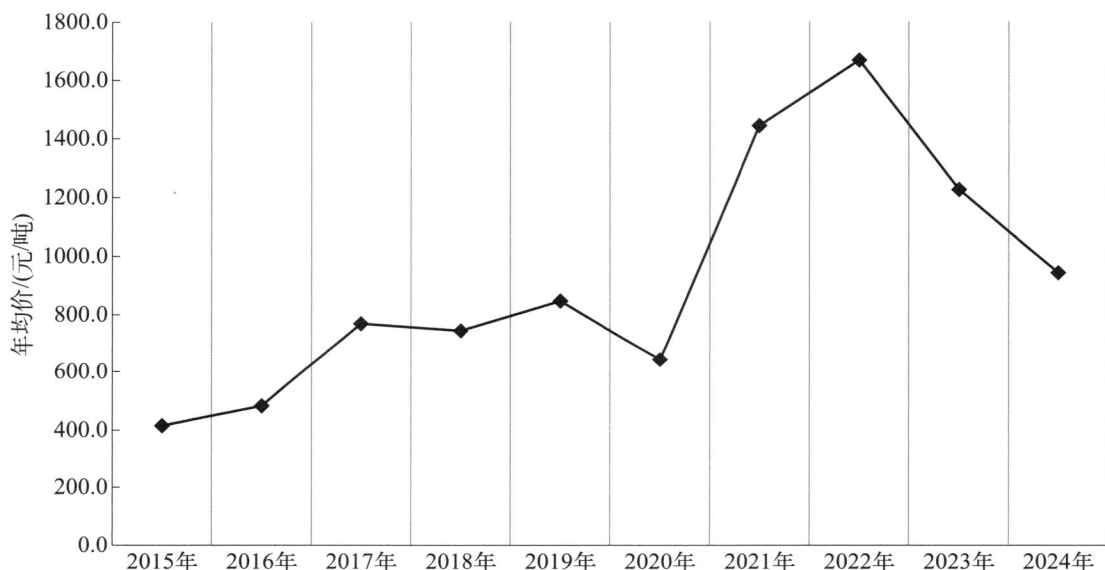

图 6-1　2015—2024 年主产区兰炭出厂价格变化趋势

从2015年的最低点380元/吨开始，兰炭的价格在短短几年内便迅速攀升。到2021年，其价格达到了惊人的3400元/吨的高峰，相较于2015年的最低价格，涨幅达到了惊人的八倍之多。在此期间，其均价也呈现出明显的增长趋势，从2015年的415元/吨上涨至2019年的846元/吨。年均增长率高达20.77%，令人瞩目。

然而，市场总是充满变数。2019—2020年，受原煤价格下跌的影响，兰炭的价格也出现了一定程度的回调。均价从原本的846元/吨下跌至642.2元/吨，跌幅达到了24%。但是，到了2020年至2022年这段时间，兰炭价格仿佛打开了全新的上涨模式，再度创下新高。到了2022年，兰炭的均价更是攀升至1666.2元/吨。相较之前的回调期，这一涨幅达到了159%。

尽管到了2024年，兰炭的价格有所下调，但即便如此，其价格仍然较2015年的均价高出一倍还多。这充分说明了兰炭市场在短短几年内经历了巨大的变化和波动。

6.3.1.2　石灰石限采价格水涨船高

我国石灰石矿储量丰富，是工业发展的重要基石。其广泛分布于全国各地，且品质差异显著，展现出大自然的独特馈赠。看似寻常的石灰石，实则蕴藏着巨大的工业开发潜力，在众多领域发挥着不可或缺的作用。

石灰石品质直接决定其工业应用价值。数据表明，我国电石生产要求石灰石的碳酸钙含量不低于94%；生石灰生产则需全氧化钙含量达92%以上，氧化镁含量低于1.6%。此外，电石生产对生石灰活性要求严苛，生烧、过烧比例需严格控制在5%以内。随着技术迭代，套筒窑、双膛窑、回转窑等新型窑型的应用，为精准满足上述指标要求提供了技术保障。

然而，随着工业化进程的加速推进，优质的石灰石矿资源却逐渐变得稀缺。特别是在环保、安全等政策日益严格的背景下，那些品质卓越的石灰石更是变得一票难求。这不仅影响了生石灰和电石的生产成本，更是在长远上制约了电石行业的发展。

从经济角度来看，生产一吨生石灰需要消耗两吨的石灰石。以乌海地区为例，石灰石的主流出厂价格在60～90元/吨波动，而商品生石灰的价格则高达500元左右。由于环保整治措施的实施，乌海地区的石灰石货源显得尤为紧缺，优质石灰石的价格更是水涨船高。而在其他地区，如湖北、湖南、河南及东北等地，生石灰的价格更是居高不下，每吨价格在650～670元。

这一现象的背后，是工业发展与资源保护的博弈。如何在保证工业发展的同时，又能保护好环境，合理利用和开发石灰石资源，是摆在我们面前的一道难题。但无论怎样，我们都不能忽视石灰石这一宝贵资源在工业发展中的重要作用。只有通过科学合理的开采和利用方式，才能实现资源的可持续利用，推动电石行业的健康发展。

6.3.1.3　电石主产区电价分析

据中国电力联合会统计，截至2024年底，全国全口径发电装机容量334862万千瓦，同比增长14.6%。其中，火电144445万千瓦，同比增长3.8%（其中煤电11.9亿千瓦，同比增长2.6%，占总装机容量的35.7%，同比降低4.2个百分点）；水电43595万千瓦，同比增长3.2%（其中抽水蓄能5869万千瓦，同比增长15.2%）；核电6083万千瓦，同比增长6.9%；并网风电52068万千瓦，同比增长18%（其中陆上风电4.8亿千瓦，海上风电4127万千瓦）；并网太阳能发电88666万千瓦，同比增长45.2%；2024年底包括风电、太阳能发电以及生物质发电在内的新能源发电装机量达到14.5亿千瓦，首次超过火电装机规模。

预计未来火电将继续保持稳定的运行状态，但总装机容量占比将继续下降，逐步被新能源（风电和太阳能）替代，且随着技术的进一步成熟和成本的降低，这两类能源的装机容量占比预计将持续提高。

2022年和2024年电石主产区均电价变化详见表6-3。

表 6-3 2022 年和 2024 年电石主产区均电价变化表

单位：元/kWh

区域	省份	2024 年	2022 年	幅度
华北	山西	0.51 ～ 0.54	0.54	-0.03
华南	广西	0.62	0.78	-0.16
华中	湖南	0.51	0.68	-0.17
西北	甘肃	0.46 ～ 0.48	0.48	-0.02
西北	陕西	0.52	0.425	0.095
西北	青海	0.38 ～ 0.41	0.42	-0.04 ～ -0.01
西北	宁夏	0.4 ～ 0.44	0.48	-0.08 ～ -0.04
西北	内蒙古	0.41 ～ 0.425	0.53	-0.12 ～ -0.105
西南	云南	0.50	0.47	0.03
西南	四川	0.55 ～ 0.58	0.44	0.11 ～ 0.14
西南	贵州	0.50	0.60	-0.10

6.3.2 原材料供应链稳定性

电石是化工行业的重要原料，主要用于生产乙炔、聚氯乙烯、1,4-丁二醇、乙酸乙烯酯等产品。其核心原材料包括生石灰、兰炭（焦炭），原料供应链稳定性主要受资源分布、政策调控、运输能力、市场需求等多重因素影响。短期内，企业需应对环保限产和能耗约束；中长期需向低碳化、智能化转型，降低对传统路径的依赖。通过供应链全链条建设，可有效缓解资源、政策及市场波动带来的冲击。

电石供应链包括上游原材料供应商、中游生产商以及下游用户。其中，上游原材料的供应受地质条件、资源分布、开采难度、生产成本等多方面因素的影响；中游生产商则是通过购买原材料，经过一系列的工艺过程后，产出电石产品；下游用户则是根据需求从供应商处采购电石产品。

电石原材料供应链的稳定性直接关系到下游产业的生产和经济效益，然而，近年来，由于多种因素的影响，电石原材料供应链的稳定性面临诸多挑战。

6.3.2.1 原材料价格波动

在电石生产中，原材料的稳定供应无疑是其发展之路上的关键要素。电石作为一种重要的化工产品，其原材料的来源与分布对其生产和销售的影响至关重要。尤其在当前的复杂经济与政策环境中，原材料价格与产能的变化都显得格外重要。

首先，我们不得不提的是兰炭这一电石生产的核心原材料。据统计，我国兰炭年产能庞大，截至2023年达到1.4亿吨/年左右，产量只有5445.8万吨，产能利用率较低。这主要源于其产地分布广泛，不同地区的资源状况、政策环境等因素都会导致原材料价格波动。特别是在陕西和新疆这两个主产区，兰炭的供应情况更是直接影响着整个电石产业链的稳定。

在陕西地区，尤其是榆林的神木和府谷两地，兰炭的产能尤为突出。这里出产的兰炭以其高质量和稳定的供应而备受电石生产企业的青睐。然而，随着"双碳"政策的逐步推进，一些小规模、环保水平低、存在安全隐患及高能耗的兰炭装置被列为了强制关停的对象。这不仅影响了兰炭的产量，也使得市场上的兰炭价格不断上涨。

与此同时，在新疆的哈密地区，兰炭的产能也占据了一定的比重。然而，煤炭安全隐患的整顿也给该地区的兰炭生产带来了不小的冲击。这种冲击不仅体现在生产线上，更是在市场价格上得到了明显的体现。同时，因其地理位置关系，运输路径较远，导致运输成本居高不下。

此外，石灰石矿的开采也受到了环保整治的影响。如乌海地区的优质石灰石矿因环保问题而受到限采，使得许多电石生产企业不得不转而采购劣质石灰石，这不仅给企业的安全生产带来了不稳定因素，还增加了工艺电耗，进一步提高了电石的生产成本。

6.3.2.2　供应链中断风险

在复杂多变的产业环境中，供应链中断风险已成为企业运营的重要挑战，我国电石产业及电石法聚氯乙烯生产的供应链脆弱性尤为显著。

电石上游原材料兰炭的生产，主要集中在陕西榆林等地区。然而，该地区常态化开展的煤矿安全检查，易引发兰炭供应波动；另一方面，乌海、山阴等石灰石主产区，因近年来环保政策收紧，矿山开采活动受限，导致石灰石供给稳定性下降，这给电石生产带来了不小的挑战，对整体电石供应链的稳定提供影响较大。

从电石法聚氯乙烯的分布来看，主要集中在西北地区的内蒙古、新疆、陕西、青海、宁夏和甘肃六省区，电石法聚氯乙烯合计产能为1421.5万吨/年，占我国电石法聚氯乙烯总产能65%。上述地区依托丰富的资源、能源优势，使得电石法聚氯乙烯的生产成本较低，在中国聚氯乙烯产业格局中占有重要地位。除青海盐湖集团拥有一套30万吨/年的以煤制烯烃工艺为原料来源的乙烯法聚氯乙烯生产装置外，该地区其余企业全部采用电石法生产工艺

然而，对于如山东、河北、湖北、河南、四川以及东北部分地区等外采原料的电石法聚氯乙烯企业来说，原材料运输距离较远，更容易受到自然灾害、政策调整、交通中断等突发因素的影响而导致供应链中断。相关统计数据显示，这些地区的电石法聚氯乙烯产能达到了502万吨/年，约占全国总产能的23%。主要外购电石及消费地区见表6-4。

表 6-4　主要外购电石及消费地区

消费区域	外购电石来源
河北、山东	乌海、石嘴山
辽宁、黑龙江	乌兰察布
河南	乌海、石嘴山
湖北、湖南	乌兰察布、乌海
陕西	陕西、乌海、石嘴山
四川	陕西、乌海、西宁
云南	乌海、兰州、西宁
青海	昌吉、西宁

当供应链中断时，企业不仅要面对生产线的停工、订单的延误、库存的短缺等问题，更会面临消费者的不满和市场的波动。尤其在当今全球化的背景下，任何一次小的供应链问题都可能引发一系列连锁反应，最终影响整个产业链的稳定。

为了应对这一风险，建议企业建立一套完善的供应链风险管理机制。对供应链中各个环节进行细致的评估和监控，及时发现潜在的风险点；同时，制定应急预案，以应对突发的供应链中断情况；此外，加强与上下游企业的合作与沟通也是关键的一环。

从政府层面来看，通过政策引导与扶持、强化基础设施建设、提升交通运输效率等举措，可有效降低电石及聚氯乙烯产业供应链中断风险。总之，面对复杂的供应链环境和潜在的中断风险，企业和政府需要共同努力，采取多种措施来确保供应链的稳定和持续运行。只有这样，才能确保我国电石及其下游产业在面对各种挑战时能够保持稳定发展。

6.4　政策与环保约束

电石工业作为我国重要的基础工业之一，对于经济发展起到了不可或缺的作用。然而，随着环境保护意识的日益增强，电石行业面临着越来越严格的政策与环保约束。

6.4.1　电石行业政策趋紧

近年来，国家对电石行业的政策调控力度不断加强，主要体现在以下几个方面：

（1）产能控制

近年来国家对电石行业的产能进行了严格的控制，通过实施产能置换、减量置换等措施，限制新增产能，鼓励企业通过技术改造、升级等方式提高生产效率。

（2）产业布局优化

为促进电石行业健康有序发展，国家推动电石企业向资源丰富、环境容量大、交通便捷的地区集中，优化产业布局。

（3）绿色制造

政府鼓励电石企业采用清洁生产技术，减少生产过程中的污染排放，推动电石行业向绿色制造转型。

6.4.2 "双碳"目标与能耗双控

在当下全球绿色发展的大背景下，我国提出的"双碳"目标——即碳达峰与碳中和目标，已经成为推动国家能源结构转型、绿色发展的重要动力。这一目标的实现，不仅是对我国自身发展需求的回应，也是对全球环境问题的一份承诺和责任。

"双碳"目标的提出，意味着我国将进入一个全新的绿色能源时代。在此过程中，能耗双控成为了关键的一环。能耗双控聚焦能源消耗总量和强度双重管控，力求在保证经济发展的同时，严格控制能源消耗的总量和强度，推动能源消费革命，提高能源利用效率。

电石行业作为典型的高载能行业必然会受到"双碳"和能耗双控等政策影响。其产品属性和工艺特点决定能耗与碳排放居高不下，每生产一吨电石就要耗电3000～3200kWh（工艺电），仅电力成本就占到总成本4～5成，同时，在生产过程中冶炼石灰石还要产生大量的二氧化碳，这与"双碳"目标矛盾冲突，行业转型迫在眉睫。

国家发展改革委等部门相继出台了《工业重点领域能效标杆水平和基准水平（2021年版）》和《工业重点领域能效标杆水平和基准水平（2023年版）》的通知，其中电石单位产品综合能耗的基准值为940kgce/t、标杆值为805kgce/t。同时对电石产品提出了更严格要求：对拟建、在建项目，应对照能效标杆水平建设实施，推动能效水平应提尽提，力争全面达到标杆水平；对能效介于标杆水平和基准水平之间的存量项目，鼓励加强绿色低碳工艺技术装备应用，引导企业应改尽改、应提尽提，带动全行业加大节能降碳改造力度，提升整体能效水平；对能效低于基准水平的存量项目，各地要明确改造升级和淘汰时限，制定年度改造和淘汰计划，引导企业有序开展节能降碳技术改造或淘汰退出，在规定时限内将能效改造升级到基准水平以上，对于不能按期改造完毕的项目进行淘汰。原则上应在2025年底前完成技术改造或淘汰退出。

为了积极响应国家"十四五"节能降碳的约束性指标，国务院于2024年5月发布了《2024—2025年节能降碳行动方案》。其中，电石行业作为能源消耗大户，更是被视为节能降碳的关键领域之一。行动方案中明确提出，到2025年底电石行业能效标杆水平以上产能占比要超过30%，能效基准水平以下产能需完成技术改造或淘汰退出。

政府在推动电石行业节能降碳方面扮演着重要角色。除了发布行动方案外，还应出台一系列政策措施，如财政补贴、税收优惠、贷款支持等，鼓励企业进行技术改造和升级。同时，政府还应加强监管，确保政策的有效执行。此外，市场引导也是推动电石行业节能降碳的重要手段。通过建立完善的电石市场交易机制，引导企业根据市场需求进行生产调整。同时，加强与国际市场的交流合作，引进先进的生产技术和管理经验，提高电石行业的整体竞争力。尽管短期内电石行业面临市场供应的波动，但长远来看，这是行业发展的必经之路。

6.4.3　环保法规或将进一步升级

近年来，面对行业内部的种种环保难题，电石行业同仁以坚韧不拔的决心和持续创新的智慧，攻克了一系列电石行业环保治理的"牛鼻子"课题。

首先，净化灰的深度处理技术成为了电石行业的一大亮点。在电石生产过程中，灰分的处理一直是困扰行业的难题。然而，通过行业科研团队的协同创新，净化灰深度处理技术取得了实质性进展。该技术能够高效地去除灰分中的有害物质，确保处理后的灰分达到环保标准，甚至可以转化为可利用的资源。这一技术的成功应用，不仅解决了电石行业的环境污染问题，还为行业带来了经济效益和资源利用的双重效益。

其次，电石炉尾气炉和石灰窑尾气的梯级利用技术也取得了突破性的进展。电石尾气和石灰窑尾气是电石生产过程中的两大主要污染物。针对这一问题，行业同仁们通过研发梯级利用技术，将这两大尾气进行有效利用。其中，电石尾气中的热量和有用成分被回收再利用，石灰窑尾气则被用于预热和助燃等环节，大大降低了能源消耗和污染物排放。这一技术的成功应用，不仅实现了电石生产过程中的节能减排，也为整个行业的可持续发展奠定了坚实的基础。

这些技术的成功应用不仅解决了电石行业的环境污染问题，还为整个行业的可持续发展奠定了坚实的基础。但是在"青山绿水、金山银山"环保理念日益被重视的当下，电石行业仍将面临着前所未有的机遇和挑战。作为传统产业的重要组成部分，电石产业仍是环保部门重点监控的对象。生态环境部相继出台了《石灰、电石工业大气污染物排放标准》（GB41618—2022），要求新建企业自2023年1月1日起执行，现有企业自2024年7月1日起执行。对电石生产、干燥窑和石灰制品生产过程产生的污染物排放，如颗粒物、氮氧化物、二氧化硫、氨及氰化物的限值进行了明确规定。对于电石企业来说，还需下更大力气、投入巨额资金来完成排放限值，若环保不达标，将面临强制停产整顿的局面，对整体电石供应有所影响。

6.4.4　安全标准和管理要求趋严

电石生产过程涉及高温、易燃易爆以及有毒有害物质的处理，这无疑为生产安全带来了巨大的挑战。在这样的环境下，每一个生产环节都需严格遵循安全规范，确保人员、设备和环境的安全。

首先，我们应当明白，电石生产的每一道工序都不容小觑。从原料的破碎、筛分、烘干到最后的加料与输送，每一个环节都需按照生产设施的安全要求进行。工艺操作的每一步，都需严格遵循既定的安全规范，确保不会因操作失误而引发事故。同时，人员的安全防护也是重中之重，必须穿戴相应的防护装备，以防止有害物质的侵害。

环境保护同样不可忽视。电石生产过程中产生的废弃物和排放物，都需要经过严格的净化处理，确保不对外部环境造成污染。而应急管理更是关键，一旦出现紧急情况，必须能够迅速、准确地采取应对措施，将损失降到最低。

为了更好地应对这些挑战，电石企业应积极采用先进的技术和设备，推动生产的智能化和自动化。在重点环节，如原料加料、炉气净化等，应实现自动化控制，避免人工操作带来的风险。同时，引入机器人操作、远程操控等技术，不仅可以提高生产效率，还能大大降低工人的劳动强度和安全风险。

此外，对于涉及"两重点一重大"的装置或储运设施，自动化控制系统的装备率和重大危险源的在线监测监控率应达到100%。这不仅是对生产的监管，更是对安全的保障。同时，建立健康安全环境（HSE）管理体系、安全风险分级管控和隐患排查治理双重预防机制，使企业的安全管理更加系统化、科学化。

在当前的工业互联网＋时代背景下，电石行业更应积极拥抱新技术，开展"工业互联网＋安全生产"建设。通过数据监控、远程管理等方式，实现对生产过程的实时监管和远程控制，进一步提高生产安全水平。

总的来说，电石行业的安全管理已不再是单一的生产环节控制，而是全流程、多维度、智能化的监管。企业需通过体系化建设、设备升级和人员培训等多方面的努力，持续满足日益严格的规范要求，以应对行业转型升级和高质量发展的挑战。

6.5　乙烯法聚氯乙烯对电石法聚氯乙烯产业链的影响

随着中国经济的蓬勃发展，氯碱行业及其核心产品聚氯乙烯历经了跌宕起伏的发展历程，从高歌猛进的规模扩张时代，稳步迈向追求高质量发展的全新阶段。2014—2016年，聚氯乙烯行业深陷产能负增长困境，行业迫切需要深度调整与转型。自2017年开始，随着经济的复苏和技术的进步，聚氯乙烯行业迎来新一轮扩能。如今，中国聚氯乙烯的生产规模已经稳居全球首位，这一成就的背后是企业平均规模的稳步提升和生产技术水平的不断提高。

6.5.1 聚氯乙烯生产工艺及主要竞争分析

聚氯乙烯生产工艺主要分为两大类：电石法聚氯乙烯和乙烯法聚氯乙烯。

电石法聚氯乙烯是以电石（乙炔）为主要原料，通过复杂的化学反应，先制成氯乙烯单体（VCM），再将其聚合成聚氯乙烯。这种工艺路线在我国的应用尤为广泛，国内大多数PVC生产装置均采用此法。其优点在于原料来源广泛，生产过程相对成熟稳定。然而，由于电石法聚氯乙烯的生产过程中涉及乙炔的制取，其能源消耗和环境污染问题也不容忽视。

乙烯法聚氯乙烯，则是以石油天然气为主要原料，通过乙烯氧氯化法生产氯乙烯单体，进而聚合成聚氯乙烯。这种工艺路线在技术上更为先进，产品性能也更为优良。同时，由于原料来源于石油天然气等石化行业，其生产过程相对环保，能源消耗也较低。虽然其原料依赖进口，但在国内也有部分企业开始采用此法进行生产。

除了以上两种主流的工艺路线外，还有部分企业选择从国外进口二氯乙烷（EDC）和氯乙烯单体来生产PVC。这些企业虽然属于乙烯法聚氯乙烯生产企业的范畴，但其进口的原料全部来源于以石油天然气为原料的石化行业，因此其生产过程和产品性能与直接采用乙烯氧氯化法的企业相似。

在行业发展过程中，电石法聚氯乙烯在安全环保、节能减排等方面虽然取得了很大的成绩，但相比乙烯法聚氯乙烯工艺依然面临一些问题。

电石法聚氯乙烯生产过程中需要采用氯化汞作为催化剂，《关于汞的水俣公约》自2017年8月16日起对我国已正式生效，目前如要新建电石法聚氯乙烯项目必须使用无汞工艺。未来电石法聚氯乙烯的发展还将聚焦在汞削减和无汞催化剂研发与推广应用。目前，我国在汞污染防治领域，已取得显著突破：低汞聚氯乙烯、盐酸解吸技术、高效汞回收技术、含汞废水深度处理技术为电石法聚氯乙烯汞污染防治提供了源头减量和末端减排的强力支撑。

据中国氯碱工业协会统计，电石法聚氯乙烯和乙烯法聚氯乙烯产能占比由之前的4：1下降到当前的3：1。未来，随着双碳政策的不断深入，乙烯法聚氯乙烯比重会进一步提升。以2024年的数据为例，我国聚氯乙烯产能为2951万吨/年，其中电石法聚氯乙烯产能为2183.7万吨/年，占比为74%，而乙烯法聚氯乙烯产能为767.23万吨/年，占比为26%。据卓创统计，2024年聚氯乙烯的产量为2348万吨，其中电石法聚氯乙烯产量为1753万吨，占比达到75%，乙烯法聚氯乙烯产量为595万吨，占比为25%。

6.5.1.1 两种工艺单耗对比

聚氯乙烯的生产成本构成与原材料价格紧密相关。行业统计数据显示，每生产一吨电石法聚氯乙烯，大约需要消耗1.35～1.42吨电石，这一比例在成本构成中占据了相当大的份额，约在65%～70%。同时，生产一吨电石法聚氯乙烯需要630～650kg的氯化氢气体，这一成本约占总成本的14.7%左右。

乙烯法聚氯乙烯生产的主要原材料包括乙烯、EDC和VCM等。其中，乙烯的成本在乙烯法聚氯乙烯的总成本中占据了约65%的比例，同时还需要消耗氯气0.6吨/吨、VCM约1吨/吨等。这表明，乙烯的价格波动将直接影响聚氯乙烯的生产成本。

除了原材料成本外，其他如包装、引发剂、分散剂、水以及管理人员费用等生产环节的支出，也会因生产厂家和生产规模的不同而有所差异。尽管这些费用在总成本中的比例相对较小，但它们同样是构成聚氯乙烯生产成本的重要部分。

需要指出的是，从企业实际成本核算来看，各家的氯气成本分摊差别较大，高范围在1000～1400元/吨，甚至更高，低范围在500～800元/吨，以上测算仅限在一定条件下的电石法和乙烯法聚氯乙烯成本比较。在相当长的发展周期内，电石法聚氯乙烯将凭借成本优势与乙烯法聚氯乙烯展开持续博弈。尽管原料价格受市场供需影响波动频繁，电石法聚氯乙烯凭借较低的综合生产成本，始终在市场竞争中占据主动地位。特别是在西北地区，多数氯碱工厂依托自有电石配套，通过一体化生产与精细化成本核算，进一步放大了成本竞争优势。但不容忽视的是，未来国际低价乙烯的供应趋势对中国聚氯乙烯格局将持续产生影响，乙烯法聚氯乙烯在环保和成本方面的比较优势会逐渐显现。

6.5.1.2 国际原油价格走势对电石法聚氯乙烯的影响

2024年，国际原油市场经历了先扬后抑的走势。受地缘政治紧张影响，布伦特原油期货价格一度冲高至90美元/桶以上，但随着宏观因素的消化和全球需求预期的调整，油价逐步回落到68.69美元/桶。据悉，2024年布伦特原油价格中枢为79.86%，较2023年下降2.8%；WTI原油均价为75.76%，较2023年下降2.4%。这样的价格波动给以原油为上游原料的聚氯乙烯产业链带来了不小的挑战。

乙烯法聚氯乙烯的生产成本与原油价格紧密相关。当国际原油价格处于高位时，以石油裂解产生的乙烯为原料的乙烯法聚氯乙烯生产成本显著增加，这在一定程度上削弱了其市场竞争力。然而，当油价回落时，乙烯法的成本优势逐渐显现，有利于其市场份额的扩大。

以石油裂解产生的乙烯为原料（乙烯→氯乙烯→聚氯乙烯），原料成本占比约65%，直接受国际原油价格影响。以电石为原料（煤炭→电石→乙炔→氯乙烯→聚氯乙烯），原料成本占比约60%，依赖煤炭价格。

我国的乙烯法聚氯乙烯装置主要集中在沿海地区（如华东、华南），其原料供应主要依赖进口乙烯，或是依托浙石化、恒力石化等大型石油炼化一体化项目。由于乙烯法聚氯乙烯生产成本与原油价格深度绑定，二者呈现极强的关联性。据有关机构预测，若布伦特原油价格＞70美元/桶，乙烯法成本显著高于电石法；若＜50美元/桶时，乙烯法具备成本优势。

相较于乙烯法，电石法聚氯乙烯的生产成本受煤炭和电力价格影响较大。在煤炭价格上扬时，电石法聚氯乙烯的生产成本压力增大。然而，在煤炭资源丰富、电价低廉的西北地区，电石法聚氯乙烯仍具有一定的成本优势。这些地区的企业通过优化生产流程、提高能源利用效率等方式，努力降低生产成本，以应对市场变化。有关机构数据显示，2024年西北地区的电石法聚氯乙烯产能占国内聚氯乙烯总产能的50%左右，若我国煤炭价格［如5500卡（23.1kJ）动力煤］＞800元/吨时，电石法成本压力增大；若＜800元/吨时，在电价较低地区（如内蒙古、新疆等地区），仍具优势。

6.5.1.3 全球乙烯变化格局及对电石法聚氯乙烯的影响

过去几年，美国乙烯产能增速有所放缓，欧洲、日本乙烯供应延续萎缩态势，但随着中国和中东地区乙烯新增产能的不断释放，将成为全球乙烯新的增长点。据统计，2020年至2024年，全球乙烯新增产能达到4500万吨，其中中国新增2500万吨，预计2025年至2028年，全球乙烯新增产能接近3000万吨，主要集中在中国和中东地区，中国市场话语权将继续加重。

近年来，随着"双碳"政策的出台，乙烯行业的原料轻质化发展成为主流趋势。目前我国乙烯的主要原料来源仍是油头为主，煤制/甲醇制为辅，但随着原料轻质化的快速发展，未来轻烃工艺占比将稳步提升。

尽管国内乙烯产能逐渐增加，但考虑到运输成本和价格因素，沿海地区仍有一部分企业通过进口乙烯或乙烯基原料进行生产。这表明，尽管国内产量有所增加，但聚氯乙烯产业链对进口原料的依赖程度依然较高。据中国海关最新数据，2024年，我国进口乙烯222.5万吨，均价为6361元/吨。主要进口地为韩国、日本等。

未来，随着全球经济的复苏和"双碳"政策的推进，原油价格和乙烯市场将面临新的挑战和机遇。据有关机构预测，2025年国际原油价格受美联储降息以及沙特阿拉伯和美国等供需层面的博弈等，市场普遍被看空，2025年原油市场很可能继续呈现中位运行的特点，原油主流波动区间在65～75美元/桶，低于2024年均值。聚氯乙烯产业链企业需要密切关注市场动态，及时调整生产策略和原料来源，以应对不断变化的市场环境。

综上所述，原油价格的走势将对聚氯乙烯产业链产生深远的影响，尤其是在国内乙烯供应路径日趋多元的背景下，这种影响更为显著。从短期来看，发展电石法聚氯乙烯符合我国"富煤贫油"资源现状，且在西部地区配套"煤-电-电石-氯碱-水泥"等循环经济的氯碱企业来说，仍有一定的优势；另外因乙烯法市场份额占比较小，对电石法聚氯乙烯影响有限。但从长远发展趋势分析，一旦国内乙烯价格持续走低，叠加240万吨新建乙烯法聚氯乙烯项目陆续投产，乙烯法凭借清洁环保、原料供应多元等突出优势，将对电石法聚氯乙烯市场份额产生冲击。所以建议电石法聚氯乙烯企业通过技术创新和产业升级，加速无汞化升级和固废化资源综合利用，提高自身的竞争力和抗风险能力。

6.6　电石行业技术创新和产业升级面临的挑战

近年来，我国电石行业在技术革新与科技创新的道路上迈出了坚实的步伐，取得了令人瞩目的成就。这些创新不仅极大地提升了电石行业的生产效率，更在环保性能上实现了质的飞跃，彻底改变了电石行业曾经"脏乱差"的形象。

在智能化领域，智能出炉机器人的成功应用彻底颠覆了传统的生产模式，全面替代了人工操作，不仅提高了生产效率，还极大地保障了工人的安全。全自动电极筒焊接技术的广泛应用，使得电石生产过程中的焊接环节更加精准、高效，进一步提升了产品质量。

在环境保护方面，电石行业也在不断地努力与探索。净化灰焚烧技术的全行业普及与节能环保的气烧石灰窑的全面国产化，标志着电石行业对环境友好型的追求已达到新的高度。此外，智能冶炼技术的积极应用也极大地减少了有害物质的排放，对环境的保护起到了积极作用，同时也对提质增效发挥了积极的作用。

同时，对于电石炉气的综合利用及余热回收技术的研发和应用也取得重要突破。立式烘干设备和全密闭冷却系统的推广应用，不仅大大降低了能耗，也显著地提高了电石的生产效率。智能巡检机器人的投入使用，使得对生产设备的实时监控和故障预警变得更加智能化和高效化。

此外，在安全环保在线系统的全面投入运行中，将最新的信息技术与安全生产、环境保护紧密结合，通过实时监测、数据分析、预警预报等手段，有效地提高了电石生产过程中的安全性和环保性。

总之，以上成绩的取得，不仅极大地推动了我国电石行业的快速发展，也为国家的经济发展和人民生活水平的提高做出了重要的贡献。然而，随着"双碳"目标的提出和高质量发展的要求，电石行业也面临着前所未有的挑战。国内经济形势疲软，下游需求不振，以及企业生产经营困难等问题接踵而至。在这样的环境下，电石行业必须找到新的发展方向，坚持创新不动摇，积极寻求突破。

在快速发展的现代工业时代，电石行业技术创新与产业升级的重要性不言而喻。然而，随着市场需求的日益复杂化和行业竞争的加剧，该行业在技术创新和产业升级过程中所面临的挑战也愈发明显。

（1）技术研发资金投入不足

技术创新是推动电石行业持续发展的关键因素。近年来，虽然电石行业在技术创新等方面取得了长足的进步，不断地刷新了我们对这个行业的认知和期待。但是，受市场压力及经济效益的影响，企业面临着前所未有的挑战。其中，资金投入的短缺成为了一个不容忽视的问题。

（2）技术更新换代的压力

随着科技的进步，新的电石生产技术和工艺不断涌现。这要求电石企业不断更新设备、优化工艺、提高生产效率。然而，一些老旧设备和工艺的更新换代需要巨大的投资和时间，这对许多企业来说是一个巨大的挑战。

（3）人才培养与引进

技术创新离不开人才的支持。然而，电石行业的人才培养和引进面临诸多困难。一方面，由于行业特点，吸引优秀人才进入电石行业的难度较大；另一方面，企业内部的人才培养机制也需要进一步完善，以满足技术创新的需求。

（4）产业结构调整的挑战

随着经济的发展和市场的变化，电石行业的产业结构需要不断调整。然而，一些老旧的生产线和企业由于种种原因难以退出市场，这给产业结构的调整带来了困难。同时，新的生产方式和生产模式需要时间和资金的投入，这也增加了产业升级的难度。

（5）资源环境压力的挑战

在迈向高质量发展的道路上，电石企业正面临着一项重大挑战——资源环境压力。这不仅仅是因为我们身处"双碳"任务的重压之下，更是因为在生产过程中产生的废气、固体废弃物等对环境造成了不小的压力。在产业升级过程中，如何实现绿色、环保、可持续生产是一个亟待解决的问题。同时，随着资源日益紧缺，如何合理利用资源、提高资源利用效率也是电石行业必须面对的挑战。

（6）市场需求变化的挑战

在国际贸易局势复杂多变、国内经济环境面临调整的大背景下，电石行业正经历着前所未有的挑战与变革。长期以来，聚氯乙烯产品的市场需求一直是电石行业的重要支撑，然而，随着国际贸易壁垒的加重和国内经济环境的低迷，单纯依赖聚氯乙烯产品进行消化的观念已无法适应市场的发展需求。电石行业亟需找到新的增长点，以拓宽其产品应用领域和销售市场。同时，要根据市场变化不断调整产品结构和质量标准，以满足市场的需求。然而，一些企业由于对市场变化的敏感度不高、反应速度慢等原因，难以及时调整产品结构和质量标准，从而在市场竞争中处于不利地位。

2025 年电石行业
发展趋势与机遇

在政策的推动、技术的升级以及国际市场的广阔机遇下，我国电石行业正站在一个新的历史起点上。它不仅关乎国家经济的稳定发展，更是绿色、循环经济的重要组成部分。面对新能源应用与循环经济趋势的浪潮，电石行业必须紧跟时代步伐，抓住机遇、应对挑战，实现可持续发展。

7.1 数智化、绿色化引领新潮流

在科技进步的浪潮中，电石行业正经历着一场前所未有的变革。从传统的手工操作到高度自动化的生产模式，电石行业在数智化和绿色生产的双重推动下，正迈向一个全新的时代。

（1）数智化引领生产革新

随着自动出炉系统、电石锅搬运系统、智能巡检系统等新型生产设备的广泛应用，电石行业的生产效率得到了极大的提升。自动出炉机器人的普及，使得出炉操作更为精准、快速，减少了人工操作带来的安全隐患。而全自动出炉系统（锅搬运系统）在山东信发、内蒙古君正和神木金泰等的投入使用，更是将电石生产的自动化水平推向了新的高度。此外，智能冶炼系统的应用以及原材料全自动卸车系统的推广，让电石行业的智能化水平迈上了新的台阶。

（2）绿色转型助力可持续发展

面对日益严格的环保法规和政策要求，电石行业开始大力推广清洁生产技术。闭式循环水智能检漏系统的广泛应用，不仅提高了水资源利用效率，还显著降低了水污染的风险。电极壳全自动焊接技术的成功应用，也使得生产过程更加环保、高效。这些技术革新不仅符合国家政策的引导，也为电石行业的绿色转型提供了有力的支撑。

（3）技术进步推动产业升级

电石炉技术的不断革新和升级，体现了电石行业对技术进步的追求。高效率、低能耗的设备如48000kVA、63000kVA以及81000kVA电石炉技术的逐步成熟，不仅提高了电石的生产能力，也大大降低了生产成本。国家统计局数据显示，吨综合能耗2023年较2012年下降15.5%，吨工艺电耗从2012年的3250kWh下降至2023年的3100kWh。

随着全球对于可持续发展及绿色生产模式的不断重视，电石行业已然迈入了全新的时代。随着数智化的不断进步，电石生产全自动无人化发展已经不再是遥不可及的梦想。未来，电石行业数智化发展将成为必然趋势。电石行业正以一种前所未有的速度和规模，进行着技术升级与绿色转型的双重变革。

7.2 产业链延伸与多元化应用

电石，作为一种基础化工原料，不仅在化工生产中占据重要地位，更是在推动国家工业发展中扮演着举足轻重的角色。它通过产业链的延伸，不断地向下游拓展，产生高附加值的产品，从而形成"电石→中间体→终端产品"的完整链条，涉及化工、能源、新材料等多个领域。

7.2.1 传统产业链延伸

（1）电石→乙炔→聚氯乙烯

电石与水反应生成乙炔，乙炔是生产聚氯乙烯的核心原料，我国约70%以上的聚氯乙烯产能依赖电石法工艺。随着基建、管材、包装等行业需求增长，聚氯乙烯仍是电石产业链的核心支柱。

（2）电石→乙炔→乙酸乙烯酯及下游产品

乙炔可合成乙酸乙烯酯，然后进一步生产光伏胶膜材料、聚乙烯醇等高附加值产品。随着光伏行业的爆发，光伏胶膜需求激增，带动电石产业链向新能源领域延伸。

7.2.2 新兴产业链延伸

（1）电石→乙炔→1,4-丁二醇→可降解塑料

1,4-丁二醇是生产可降解塑料的关键原料，电石法乙炔路线占国内1,4-丁二醇产能的80%以上。在"禁塑令"政策推动下，可降解塑料市场空间广阔，据欧洲生物塑料协会预测，2030年全球需求超1000万吨。

（2）电石→氰氨化钙→三聚氰胺、农药及医药中间体

电石与氮气反应生成氰氨化钙，氰氨化钙的一个重要应用是生产三聚氰胺。三聚氰胺是一种重要的阻燃材料，广泛应用于家具、建筑材料和电子产品的制造中。它的高阻燃性能和良好的物理性能使得它在市场上具有很高的需求。此外，氰氨化钙还可以用于生产农药（如多菌灵）和医药中间体（如硫脲），这些产品在农业和医药领域具有广泛的应用。虽然电石与氮气反应的技术已经相当成熟，但我们仍需努力提升高端化产品的比例。这需要我们不断探索新的应用领域，开发新的产品。

（3）电石→纳米碳材料（石墨烯、碳纳米管）

电石在高温环境下能够进行裂解反应，生成碳材料。这些碳材料不仅在新能源电池的导电剂方面具有巨大应用潜力，还能在复合材料中作为增强体发挥作用。尽管这

一方向目前尚处于实验室研究阶段，但其展现出的巨大潜力和广阔前景已经引起了业界的广泛关注。随着科技的不断进步和研究的深入，电石裂解技术有望在新能源、环保等领域发挥更大的作用。同时，随着人们对于新能源和环保的需求日益增长，电石裂解技术也将迎来更广阔的市场空间。

7.2.3　多元化领域拓宽

电石，一种由碳和氧化钙在高温下反应生成的化合物，其化学性质活泼，应用广泛。在传统化工领域，电石扮演了重要的角色。然而，随着科技的发展和环保理念的深入人心，电石及其衍生物的应用已经从传统化工领域逐步向新能源、环保、高端材料等领域渗透。

（1）新能源领域

电石水解制乙炔的过程中，副产物氢氧化钙的利用成为了减少碳排放的重要手段。众所周知，CO_2排放量的持续增长是当前全球气候变暖的主要原因之一。然而，有一种方法可以对其进行捕集和利用——利用氢氧化钙。通过一系列化学反应，它可以有效地吸附大气中的CO_2，将碳进行深度回收。与先进的绿氢技术相结合，能够更好地推动低碳制氢，这不仅是一种资源再利用的创新尝试，更是一次环境与能源的双赢行动。

另一方面，电石生产中获得的乙炔炭黑正成为科研创新的前沿焦点。在新型电池领域，这种材料以其卓越的导电性和强大的循环寿命，成为了锂离子电池负极材料的理想选择。这不仅仅是一次技术上的革新，更是新能源领域应用的一次实质性跨越。随着锂离子电池技术的不断进步，其导电性和循环寿命的双重提升，将极大地推动电动汽车、储能系统等领域的快速发展。

与此同时，我们也不能忽视光伏胶膜材料树脂的重要性。作为电石下游产品之一的聚乙烯醇，已经成为光伏胶膜的核心原料。在光伏组件的生产中，这种材料占据了约8%的成本份额。其独特的物理和化学性质使其在高温、高湿等恶劣环境下仍能保持稳定的性能，为光伏产业的发展奠定了坚实的基础。

（2）环保领域

电石渣的主要成分是氢氧化钙，此外还含有其他微量元素和杂质。氢氧化钙作为电石渣的核心活性物质，为电石渣在各领域的应用提供了丰富的化学基础。在水泥生产领域，电石渣凭借显著的碱性特质，作为核心原料与其他材料发生化学反应，可有效提升水泥制品的强度与稳定性，成为建筑材料制备的优质资源。其富含的氢氧化钙赋予电石渣卓越的酸碱中和能力，使其在工业烟气脱硫中表现突出。当应用于烟气处理时，可实现清洁排放。其富含的氢氧化钙赋予电石渣卓越的酸碱中和能力，使其在工业烟气脱硫中表现突出。当应用于工业烟气处理时，电石渣能与二氧化硫等酸性气体迅速发生中和反应，高效去除烟气中的有害物质。电石渣的碱性成分可以中和土壤中的酸性物质，提高土壤的pH值，从而改善土壤结构，提高土壤肥力。此外，其吸附重金属离子的能力也有助于净化土壤，减少重金属污染。电石渣还具有中和酸性废水的能力，能够吸附废水中的重金属离子等有害物质，从而降低环保处理成本，减少对环境的污染。

（3）高端材料领域

特种乙炔炭黑凭借独特的结构和优异的物理性能，成为轮胎制造的优质原料。其具备的高纯度、高分散性、高导电性等特点，不仅能显著增强轮胎的耐磨性能，有效延长使用寿命，还能大幅提升抗热性能，降低高速行驶时的生热风险。特种乙炔炭黑严苛的生产工艺与高品质原料要求，赋予了产品极高的附加值，相较传统炭黑，其市场价值实现了3～5倍的跃升。

在导电橡胶领域，特种乙炔炭黑同样发挥着重要作用。其高导电性能使得导电橡胶在电子设备、电磁屏蔽等领域有了更广泛的应用。其独特的导电网络结构，不仅提高了橡胶的导电性能，还增强了其力学性能和稳定性。

乙炔作为一种重要的有机原料，通过特定的合成路线可以制备出氯乙烯基硅烷。这种化合物具有优异的耐候性、耐热性、电气性能和粘接性能，被广泛应用于硅橡胶、密封胶等高端产品的制造中。

7.3　技术驱动下的产业链升级

一是电石炉尾气综合利用。电石炉尾气主要由CO、H2、N2等组成，具有热值较高、可燃成分丰富等特点，使其具备极高的回收利用价值。然而，传统的尾气处理方式大多作为燃料来生产石灰等，与回收用于生产甲醇、乙二醇和二甲醚相比附加值极低。据估算，采用综合利用技术后，每吨电石的成本可以下降200～300元。这一成果不仅有助于提高企业的经济效益，还有助于推动行业的可持续发展。

二是智能化与循环经济耦合。依托智能电石炉控制系统，深度融合AI技术，能够实现电石炉原料配比的精准优化。通过对大量生产数据的分析，AI能够精确地计算出最佳的原料配比，使电石炉的能效得到显著提升。同时，AI还能根据原料的实时质量变化，自动调整配比，确保生产过程的稳定性和产品质量。传统的电石炉出炉过程需要大量的人力参与，不仅效率低下，还存在安全隐患。而自动出炉机器人则可以通过精确的机械臂和传感器，实现电石炉的自动出炉。这不仅大大提高了生产效率，还降低了人工操作的风险。此外，先进的控制系统进一步保障了电石炉各项操作的精准性。多项技术协同应用，可以使电石炉的能效预估提高10%～15%。

在提升能效的同时，我们还需要构建一个"电石→乙炔→高纯化学品→废渣→建材"的闭环产业链。这个产业链将电石的生产与乙炔、高纯化学品等下游产业紧密结合起来，实现了资源的最大化利用。同时，通过对废渣的再利用，生产出建材等产品，实现了废渣的"吃干榨净"，进一步提高了资源的利用效率。

综上所述，电石产业链的延伸与多元化发展过程中，核心逻辑的转变是至关重要的。传统的电石产业链主要扮演着"单一原料供应商"的角色，即单纯地生产和提供电石产品。然而，随着市场需求的不断变化和技术进步的推动，这种传统的角色已经无法满足当前市场的需求。为此，向"高附加值产品服务商"转型，成为电石产业链突破发展瓶颈、实现可持续增长的必然选择。

这一转型的机遇主要集中在新兴领域的发展上。首先，新能源材料的发展为电石产业链提供了新的方向。电动汽车的兴起使得乙烯-乙酸乙烯酯共聚物和锂电材料等新能源材料需求大增，而电石产业链正可以依托其原料优势，参与其中，为新能源汽车产业提供高质量的原材料。

其次，可降解塑料的市场需求也在不断增长。随着环保意识的提高，可降解塑料成为了塑料行业的重要发展方向。电石产业链可以利用其独特的生产技术和资源优势，开发出高质量的可降解塑料产品，满足市场需求。

此外，循环经济也是电石产业链延伸与多元化应用的重要方向。电石渣等废弃物的资源化利用，以及尾气合成化学品的开发，都是循环经济的重要应用领域。通过技术手段，电石产业链可以将废弃物转化为有价值的资源，实现资源的循环利用，提高资源利用效率。

最后，高端化学品的市场需求也在持续增长。医药中间体、特种炭黑等高端化学品的应用领域广泛，市场需求大。电石产业链可以利用其技术优势和资源优势，开发出高质量的高端化学品，满足市场需求。

在当今这个日新月异的时代，企业的生存与发展离不开技术的持续创新与市场的不断拓展。面对乙炔下游高端化等技术瓶颈，企业必须以积极的态度进行突破，同时对区域布局和国际市场需求进行优化与关注。据预测，到2030年，电石产业链高附加值产品占比将超40%，形成千亿级新兴市场。这对企业而言，既是一次巨大的挑战，也是一次难得的机遇。

7.4 行业集中度的变化趋势

电石行业，作为我国能源密集型产业的重要一环，近年来在西部地区的崛起可谓是一场产业革命。凭借西部得天独厚的煤炭资源以及西部投资政策的持续推动，电石行业迎来了前所未有的发展机遇。在"煤-电-电石-氯碱化工（1,4-丁二醇及其下游）产品"一体化经济产业链的引领下，电石产业实现了从东部地区向西部地区的转移。

在广袤的西北大地，煤炭资源被转化为具有巨大价值的电石产品，实现了从煤炭资源开采到精细化工产品的全产业链发展格局。

截至2024年底，西北地区的电石产能已达到了惊人的3614.6万吨，占国内电石总产能的86.06%。未来，随着配套1,4-丁二醇等产业链的电石项目逐步投产，其他地区的闲置产能陆续退出，西部地区电石产能占比将会继续提升。据业内人士预估，到2030年时，西部地区电石产能的占比将达到95%。同时企业的规模也在不断壮大，与2015年相比，如今每家企业的年产能已由17.6万吨上升至36万吨，十年间上涨了高达104个百分点。这不仅体现了企业实力的增强，也反映了整个行业的技术进步和产业升级。未来，产能前十企业（新疆中泰、君正化工、新疆天业等）的市场份额将突破50%，新疆、内蒙古、陕西、宁夏等资源富集区依托"煤-电-电石-化工"一体化模式，产能占比预计突破60%，成为全球电石供应核心基地。这将进一步推动电石行业向规模化、集约化发展。

2021年和2024年电石企业规模变化情况详见表7-1。

表 7-1　2021 年和 2024 年电石企业规模变化情况

规模	2024 年		2021 年	
	企业数量 / 家	产能合计（万吨 / 年）	企业数量 / 家	产能合计 /（万吨 / 年）
≥ 100 万吨	6	792.6	4	502.6
≥ 50 万～ 100 万吨	23	1602.5	22	1550.6
≥ 30 万～ 50 万吨	22	846.2	21	818.8
≥ 20 万～ 30 万吨	25	591.0	23	541.5
≥ 10 万～ 20 万吨	23	262.5	27	353.4
＜ 10 万吨	17	105.2	22	130.5
合计	116	4200.0	119	3897.4

综上所述，在技术创新和环境保护的双重驱动下，我国电石行业正经历一场全方位的深刻变革。《电石行业规范条件》的颁布实施，配合相关产业政策的指引，为电石行业的未来发展指明了方向。当前，数智化、低碳化、绿色化和多元化成为行业发展的核心主题，这是我们持续向前进步的关键驱动力。

2025 年电石行业
市场分析及未来展望

2025年是"十四五"规划的收官之年，也是"十五五"规划布局之年，更是应对国内外复杂挑战、推动经济高质量发展的关键一年。对于电石行业来说，这一年意义非凡，不仅要组织编制好"十五五"电石行业发展规划，更要依据党中央、国务院重要决策部署，深刻洞察当前经济形势的变化，精准研判电石行业的经济工作方向，全力以赴确保电石行业经济稳定运行，为国民经济健康发展贡献力量。

8.1 供需状况

近年来，在电石法聚氯乙烯及1,4-丁二醇等下游产品快速发展的带动下，我国电石产能规模得到了快速发展，截至2024年底已达到4200万吨/年，产量3108万吨，开工率达到74%。但随着电石相关产业政策的推进，一些僵尸企业、市场抗风险能力差的企业以及能耗、安全、环保达不到要求的企业大约有300万～400万吨产能将被迫退出市场，同时，一些配套下游产品的约300万吨拟在建项目将陆续择机投入市场。年产能在10万吨及以下的电石企业（产能合计达105万吨/年）将于2025年底被逐步淘汰。这一系列举措不仅有利于资源的合理配置，更是推动了行业向更高效率、更环保、更高效益的方向发展。

从市场需求看，2025年电石产量有望保持3%左右的增长。这将使我国电石整体市场逐渐趋于平衡，行业装置开工率也将进一步提高。尽管短期内市场结构性过剩的局面仍难以完全改变，但长期来看，通过一系列政策调整和行业内部的自我优化，过剩问题有望得到缓解。

8.1.1 聚氯乙烯在建项目

据中国氯碱网统计，未来拟在建聚氯乙烯产能约378万吨，其中2025年计划投产约267万吨（电石法聚氯乙烯为65万吨、乙烯法202万吨），2026年计划投产41万吨（其中电石法为16万吨），2026年后将投产的70万吨均为乙烯法聚氯乙烯产能。从以上数据可以看出，新建项目均以乙烯法为主，占整个新建产能的79%，详见表8-1。

表8-1 聚氯乙烯拟在建情况

单位：万吨/年

地区	企业名称	2025年		2026年		远期规划	
		电石法	乙烯法	电石法	乙烯法	电石法	乙烯法
陕西	金泰神木	30					
四川	四川金路	2					
四川	齐鲁石化				25		

地区	企业名称	2025 年		2026 年		远期规划	
		电石法	乙烯法	电石法	乙烯法	电石法	乙烯法
山东	青岛海湾		20				
内蒙古	内蒙古君正			16			
内蒙古	中盐内蒙古化工	3					
天津	天津渤化		52				
甘肃	甘肃耀望	30					
广西	广西华谊						40
福建	万华化学		50				
江苏	新浦化学		50				
浙江	浙江嘉化		30				
浙江	浙江镇洋						30
合计		65	202	16	25	0	70

8.1.2　1,4- 丁二醇在建项目

据中国石化联合会化工新材料专委会统计，截至2024年底，1,4-丁二醇（BDO）产能达到571万吨/年，产量为286万吨，产能利用率为50%。据统计2025年计划投产约200万吨，后期规划在建项目约130万吨及以上，详见表8-2。

表 8-2　1,4- 丁二醇拟在建情况

企业名称	建设地点	产能 /（万吨 / 年）	工艺	预计投产时间
新疆美克	新疆	10	炔醛法	2025 年
中泰金晖	新疆	30	炔醛法	2025 年
山西同德	山西	24	炔醛法	2025 年
广锦新材料	内蒙古	30	炔醛法	2025 年
华鲁恒升	湖北	20	炔醛法	2025 年
安徽华塑	安徽	10	炔醛法	2025 年
其他规划项目	多地	约 130		2026—2030 年

8.1.3　石灰氮等其他下游产品

据相关机构统计，2024年我国石灰氮产量基本控制在100万吨左右，2023年中国石灰氮消耗量同比增长8.8%，2024年则继续保持增长态势，同比增长6.8%。随着全球农业对高效肥料需求的增加、工业生产的持续扩张以及环保意识的提高，石灰氮作为

重要的化工原料，在农业、工业和环境保护等多个领域的应用进一步得到拓展，推动了市场规模的扩大。2025年中国石灰氮市场规模有望呈现稳步增长态势。

其他如乙酸乙烯酯、氯丁橡胶等化工产品，近年来，其下游需求较为平稳，增长有限，年需求电石约100万吨。

8.2　需求变化及未来增长点

我国拥有丰富的煤炭资源，煤化工产品的开发与应用，成为缓解能源危机、保障能源安全的重要路径。电石，作为煤化工的重要产品，近年来随着科技的迅猛发展，其应用领域得到了极为广泛的拓展。回顾近年的数据，电石在聚氯乙烯生产中的应用比重虽有所下降，从2021年的84%降至2024年的82%，但仍然占据了相当大的市场份额。

首先，聚氯乙烯行业对电石的高度依赖短期内难以改变。这一现状是由我们的资源禀赋和能源结构所决定的，也源于聚氯乙烯作为基础塑料制品，市场需求持续旺盛。在现有技术体系下，电石作为聚氯乙烯生产的主要原料，其地位短期内不可动摇。

然而，随着科技的进步和新兴行业的发展，1,4-丁二醇、乙炔等新型产品逐渐崭露头角。尤其是1,4-丁二醇产品，近年来在市场上呈现出井喷式的发展态势。其下游应用领域不断拓宽，从传统的纺织、造纸，到精细化工新材料、中间医药体，再到新能源电池及光伏等新兴领域，都为1,4-丁二醇提供了广阔的发展空间。然而，市场的不景气使得1,4-丁二醇的新建项目有所停滞，呈现出结构过剩的现象。但这也意味着未来一旦市场回暖，1,4-丁二醇的消费量将会有更大的增长空间。

除了1,4-丁二醇外，石灰氮、乙酸乙烯酯、氯丁橡胶等电石下游产品也在各自领域内不断取得突破。特别是在新能源电池及光伏领域，这些产品都有着广阔的应用前景。例如，乙炔在新能源电池的制造过程中，被广泛用于制备碳材料；而石灰氮则在新材料研发中扮演着越来越重要的角色。这些新型产品的开发，无疑为电石的消费提供了新的增长点。

2023年和2024年我国电石下游消费结构详见表8-3。

表 8-3　2023 年和 2024 年我国电石下游消费结构

下游产品	2024 年	2023 年
	占比 /%	占比 /%
聚氯乙烯	82.06	82.10
1,4- 丁二醇	8.80	7.66
乙酸乙烯酯	2.96	3.21

下游产品	2024 年	2023 年
	占比 /%	占比 /%
乙炔及其他	2.35	3.66
石灰氮	2.83	2.42
氯丁橡胶	0.60	0.51
出口	0.40	0.44
合计	100.00	100.00

8.3　市场价格预测及成本分析

（1）市场需求有所放缓

首先，房地产政策的调整对聚氯乙烯行业带来了深远的影响。由于政策调控，房地产市场的需求逐渐趋于平稳，作为建材重要组成部分的聚氯乙烯产品的需求量受到抑制。与此同时，下游传统产业也因为需求疲软而难以带动电石市场的增长。

此外，环保政策的加强和产业结构调整升级也为电石市场带来了挑战。为了保护环境，越来越多的产业开始向绿色、低碳、可持续方向发展。这也要求电石生产必须更加注重环保，否则将面临更严格的环保监管和限制。这使得一些企业在生产过程中需要投入更多的成本以满足绿色标准。

而在电石产业中，新兴领域如乙炔、BDO 等化工合成领域虽然需求持续增长，但短期内难以弥补传统领域的缺口。与此同时，光伏等新能源产业虽然对电石的需求具有潜力，但多晶硅市场的波动以及产能释放节奏的不确定性也影响了电石市场的需求弹性。

此外，由于环保政策的约束强化，电石下游产品的出口也受到了一定的限制。尽管国际市场上存在潜力需求，但企业需要投入更多的成本来满足绿色标准，这无疑增加了出口的难度和成本。因此，短期内电石下游出口难以形成新的增长点。

综上所述，聚氯乙烯行业受房地产政策调整、下游传统产业需求疲软、环保政策和结构调整升级等多重因素的影响，市场需求可能面临一定的放缓趋势。这需要电石企业加强自身技术革新和环保管理，积极寻找新的市场需求和增长点，以应对未来市场的挑战和机遇。

（2）电石成本仍将高位运行

由于在电石生产成本构成中，电力成本占据了50%及以上的比重，近年来电力价格一直居高不下。虽然自2025年初开始受原煤价格下降的影响，兰炭出厂价格较2024

年同期下降了约36%，下降至680元/吨，然而，这并不足以抵消电力成本在总成本中的主导地位。

更为重要的是，即便有这样的价格下调，其他因素仍在不断推动电石生产成本的上升。例如，石灰石资源的限采政策、日益严格的环保政策以及未来可能实施的碳排放税等政策措施，都将对电石生产成本构成压力。这些政策的实施不仅限制了原料的开采和使用，也增加了生产过程中的环保成本。

因此，预计未来电石生产成本仍将维持在高水平，尽管与2024年同期相比有一定的下降趋势。这是因为兰炭价格较2024年同期有所回落，但其他成本因素的综合影响仍然显著。对于电石生产企业和相关行业来说，这无疑是一个巨大的挑战。

总的来说，虽然短期内电石生产成本可能会有所下降，但长期来看，仍需面对各种因素带来的挑战。因此，企业需要做好充分的准备和调整，以应对未来可能的变化和挑战。

（3）电石价格将呈现"前低后高"态势，总体处于震荡盘整阶段

自新年伊始，受下游需求低迷的影响，电石价格持续走低。以乌海地区电石价格为例，从2024年12月份的均价2718元/吨，一路下滑至2025年1月份的2516元/吨，再至2月份的2416元/吨，呈现出持续下降的趋势。2025年1月至2月的均价与2024年同期相比，每吨分别下降了约400元和300元，环比也出现了每吨下降100元的趋势。

同时，最低价格出现在2025年2月初，甚至跌至2400元/吨以内，达到2024年8月中下旬同期水平。尽管在此期间，兰炭价格也有所下调，以陕西地区为例，从2024年12月份的879元/吨降至2025年2月的均价725元/吨，每吨下降了约150元，但这并不能完全抵消电石价格的快速下滑。

当前电石价格虽然暂时处于低位，但未来有望呈现"前低后高"的走势。随着下游需求的逐渐恢复，电石市场的供需关系有望得到改善，从而推动电石价格的回升。同时，尽管兰炭等原材料价格也有所下调，但电石的生产成本仍然较高，生产成本与销售价格严重倒挂，据估算，每生产一吨电石普遍亏损300～400元，甚至有些企业亏损更高。

综上所述，电石市场当前处于震荡盘整阶段，价格虽然暂时处于低位，但未来有望呈现"前低后高"的态势，吨电石价格有望保持在2450～3000元。

8.4 技术发展趋势

未来，电石行业落后产能加速退出，受市场竞争和产业政策驱动，小型电石炉（<25000kVA）和内燃式电炉将逐步淘汰，行业集中度显著提高。区域集群化特征强

化，西北地区（内蒙古、新疆、宁夏）依托资源优势和电力洼地优势，仍将是国内电石的主要产区，进一步压缩其他省份电石企业的生存空间。

电石产品作为化工基础原材料，处于价值链低端，呈现市场体量大、结构单一、受下游行业影响大的特征，大部分电石企业以成本控制为核心参与市场竞争，开展技术创新投入较少。未来行业必然向"低碳化、智能化、循环化"跃迁，头部企业可通过技术集成（如"绿电+储能+智能制造"）构建差异化竞争力。

电石行业仍将积极推进技术创新和装备升级。例如，采用先进的生产工艺和设备，如钙煤球团热解技术、电磁法电石生产工艺、微波法电石生产工艺，能够显著提高生产效率和降低产品能耗。

应用数字化和智能化技术，推动电石行业的转型升级：加快推广电石生产全流程智能化和信息化改造方案，资源与能源优化利用方案，鼓励电石企业开展"智能工厂""数字车间"试点示范；贯彻落实"机械化换人、机器人作业、自动化减人"要求，继续推广智能出炉机器人、料面处理机、无人巡检、智能输送线、自动卸料、电极长度监测等自动化设备，改善现场操作环境，逐步减少现场用工数量直至实现无人车间。

将成熟的工业机器人、机器视觉技术向电石生产场景延伸，挖掘跨领域价值：探索通过数字孪生技术模拟生产场景，帮助企业实现柔性生产，快速响应市场需求变化；通过AI算法与大数据技术的应用，继续深入研究炉况监控机器人、自动取样系统等技术设备；研发液体电石连续测温与光谱分析/AI视频识别技术，实现炉前发气量的精准研判；利用工业机器人，实现电石的连续铸模，满足余热回收和下游用户的个体需求。

以拓展清洁低碳技术在工业领域的应用场景为着力点，加速技术装备研发创新，推进示范项目落地建设，这对推动工业领域节能降碳，构建绿色低碳产业体系，打造产业转型升级新增长点，推进新型工业化，形成新质生产力具有重要的意义。

8.5 企业战略调整

近年来，原材料工业优化升级取得明显成效，工艺技术装备水平大幅提升、绿色智能转型进程加快、结构布局持续优化、新材料产业加速发展，迈入了由大到强的新发展阶段。但对照高质量发展要求，对标推进新型工业化目标任务，原材料工业仍存在较大差距，主要表现为低端过剩和高端不足并存、绿色化转型面临较大压力、数字技术融合应用还不深入，优化升级任务仍然较为艰巨，建议企业进行战略调整以应对市场变化。

未来技术融合将呈现"双核驱动、多域协同"特征。纵向：基础技术（信息/生物）持续突破，支撑上层应用创新；横向：跨领域技术（如AI+能源、区块链+医疗）

打破行业壁垒，创造新业态。

企业的未来重点工作：

其一，以产业升级为目标，使传统基础原材料行业提质转型。推动智能化改造和数字化技术应用，提升生产自动化水平。破解新能源消纳与电力成本难题，最大限度提高绿电使用比例。

其二，以创新驱动为手段，实现可持续高质量发展。例如利用IGBT柔性供电技术降本增效；炉气综合利用开发新产品，提高附加值等。

其三，不断提高企业竞争力。企业应根据资金实力、技术团队水平选择创新研发路径，通过产学研合作，提升核心竞争力。

其四，持续加大安全环保投入，引进先进的环保技术设备和本质安全设施，实现企业安全健康发展。

其五，以绿色发展为基础，构建企业高质量发展管理体系、建立碳足迹管理体系。

未来，具备清洁生产和可持续发展能力的企业将在市场竞争中占据优势。政府将出台更多支持绿色发展的政策措施，推动电石行业向绿色、低碳、高效方向发展。

8.6 合作与创新

合作与创新是电石行业转型升级的核心驱动力，通过技术突破、资源整合及协同机制，为电石行业的高质量发展构建技术、生态与市场的多重保障。

"十五五"期间，电石行业鼓励引导重点电石企业、配套服务企业和相关院所组建技术创新联盟，加强电化学反应机理等电石生产基础理论研究，加快开发热解球团、氧热法、电磁法等电石生产新工艺。鼓励有条件的电石企业利用新工艺率先建设工业化示范装置，推动电石工艺路线向多元化方向发展。

加快开发电石及乙炔新的应用领域，推动电石消费多元化。鼓励企业加强与院所院校的研发合作，积极开展乙炔应用研究，开发更多经济可行的乙炔制有机化工产品技术，比如多元醇、多元酸、脂肪族类和芳香族类有机化工产品等。随着技术的进步和市场需求的变化，产品创新成为市场竞争的关键。

加快提升绿色低碳发展水平，集中力量突破电石出炉显热回收利用等关键绿色技术，加快电石渣还原制石灰、电石净化灰无害化处置与综合利用等技术的推广和应用，进一步提升行业资源能源利用水平。

探索源网荷储微电网技术应用，构建"电石炉—储能—可再生能源"耦合系统，探索通过智能负荷管理，将电石炉功率调节纳入电网辅助服务，获取调峰补偿收益等。

加快研究行业低碳发展战略，提出行业碳达峰碳中和实施路径，做好碳排放计量和统计工作，探索行业碳交易的市场化运作机制。

8.7　未来展望

2025年电石全行业要以习近平新时代中国特色社会主义思想为指导，积极深入贯彻党的二十大一中、二中、三中全会精神，全面落实党中央、国务院经济工作会议的部署，以"稳增长、扩内需、促转型"为主要抓手，应对各种国内外风险挑战，推动电石行业高质量健康发展。

首先，稳增长是电石行业当前的重要任务。在国家对新型城镇化、绿色能源及5G网络等新基建方面加大投资力度的大背景下，电石行业应紧紧抓住这一历史机遇。例如，老旧小区的改造、水电站和储能项目的建设等，这些项目的实施不仅能够提升国家基础设施水平，同时也为电石行业的供应链优化和产能升级提供了强有力的支持。

其次，扩内需是推动电石行业健康发展的另一关键。国内市场的需求是推动电石行业持续发展的不竭动力。我们要通过创新产品、优化服务、提高品质等方式，满足国内市场的多样化需求。同时，我们也要积极拓展新的消费领域，引导消费者形成绿色、低碳的消费观念，进一步扩大内需。

在长期发展中，深化改革是推动电石行业持续健康发展的根本动力。我们要以构建"双循环"新发展格局为目标，即以国内大循环为主体，国内国际双循环相互促进。这需要我们深化供给侧结构性改革，推动电石行业的转型升级。我们要通过技术创新、管理创新、模式创新等方式，提高电石行业的整体竞争力。

根据当前市场分析，预计在2025年，电石行业将展现出一种新的发展态势。整体上，行业将维持"总量平稳、结构优化、利润承压"的态势。这一现象的背后，政策驱动和技术升级成为了行业发展的核心变量。

首先，从总量角度看，电石行业的生产与消费将保持稳定。这得益于国内外市场的稳定需求以及行业内部的自我调节。然而，在结构方面，行业将迎来一次重要的优化。这主要表现在企业需要适应市场需求的变化，通过优化产品结构、提升产品质量来提高市场竞争力。

其次，政策驱动在电石行业的发展中起到了关键作用。政府对于环保、能源消耗等方面的政策调整，将直接影响电石行业的生产方式和产业结构。企业需要密切关注政策动向，及时调整生产策略，以适应新的政策环境。

此外，技术升级也是电石行业发展的重要驱动力。随着科技的不断进步，电石生产的技术和设备都在不断更新换代。企业需要通过引进新技术、新设备，提高生产效率和产品质量，以增强市场竞争力。

面对这样的行业态势，企业需要采取相应的策略来构建长期竞争力。纵向整合是其中之一，通过整合上下游资源，形成完整的产业链条，提高企业的抗风险能力和市场响应速度。低碳转型也是企业需要关注的重要方向。在环保政策日益严格的背景下，企业需要通过减少能源消耗、降低排放等方式，实现低碳发展，以符合社会的期望和要求。

总的来说，电石行业在2025年将面临新的挑战和机遇。企业需要抓住政策和技术的发展机遇，通过结构优化、技术升级和低碳转型等措施，构建长期竞争力，以应对市场的变化和竞争的加剧。

附录1　行业能效领跑者单位技术创新项目摘录（2022—2023）

智能化	智慧孪生管理系统
	全自动控炉系统
	石灰窑智能煅烧系统
自动化	电石锅自动搬运、翻锅系统
	行车远程智慧化改造
	电极壳车间全自动无人生产线
	电石炉净化系统刮板机输灰改为气力输灰
低碳化	循环水泵高效节能改造
	电石铁链斗输送系统
	空压机余热回收利用
	白灰窑尾气余热利用
	双梁石灰窑燃烧梁改造为风冷式燃烧梁
新工艺探索	新能源耦合化工的发展模式
	热解球团生产电石新工艺
	湿法电石渣烘干-煅烧装置
其他	分布式光伏发电项目
	MES 生产信息管理系统
	电石炉密闭循环水系统
	白灰粉压球改造项目

附录2 电石行业专利摘录

序号	专利名称	申请人	类型
1	电石炉电石和尾气余热利用的工艺设备	新疆工程学院	发明公开
2	一种电石定量称量装置	内蒙古东景生物环保科技有限公司	实用新型
3	基于电石生产过程自动抽堵电石锅插板系统及其使用方法	鄂尔多斯市双欣化学工业有限责任公司	发明公开
4	一种电石法生产乙炔气中波状裙边皮带机防跑偏装置	天伟化工有限公司；新疆天业（集团）有限公司	实用新型
5	一种大型密闭电石炉中心炉盖结构优化方法	中国石化长城能源化工（宁夏）有限公司	发明公开
6	铜管限位（绝缘高强度）	洛阳祝和实业有限公司	外观设计
7	熔融态电石的显热余热回收装置与方法	江苏东九重工股份有限公司	发明授权
8	皮带机智能巡检机器人	新疆中泰化学阜康能源有限公司；新疆中泰化学股份有限公司	发明公开
9	电石炉及其炉门	大关天达化工有限公司；宜宾天原集团股份有限公司	发明公开
10	一种高温熔融电石的余热回收装置	陕西驭腾能源环保科技股份有限公司	实用新型
11	一种电石炉水管流量监测装置	陕西煤业化工集团神木能源发展有限公司	实用新型
12	一种电石炉出口余热回收装置	鄂尔多斯市双欣化学工业有限责任公司	发明公开
13	一种钙焦球团分级氧热法生产电石的装置	中国石油大学（华东）	发明授权
14	直接以电石为炔基源合成含烯炔结构的异吲哚酮类化合物合成方法	宁夏大学	发明公开
15	一种便捷式电石用单抱钳	新疆中泰集团工程有限公司	实用新型
16	一种从电石炉净化灰底渣中提炼镁的方法	拜城县荣安环保科技有限公司	发明公开
17	电石炉料仓密封装置	新疆圣雄电石有限公司；新疆中泰化学股份有限公司	实用新型
18	一种电石出炉钢钎连接装置	天能化工有限公司；天伟化工有限公司；新疆天业（集团）有限公司	实用新型
19	电石炉净化灰渣生产氢氧化镁和轻质碳酸钙的系统和方法	西安科技大学	发明授权
20	电石炉用光学测温装置	新疆中泰矿冶有限公司；新疆中泰化学股份有限公司	实用新型

续表

序号	专利名称	申请人	类型
21	基于电石炉净化系统的氮气炮自动反吹装置	新疆中泰矿冶有限公司；新疆中泰化学股份有限公司	实用新型
22	一种电石工艺中电石炉生产控制方法	天辰化工有限公司；新疆天业（集团）有限公司	发明公开
23	一种大型密闭式电石炉开眼及堵眼装置	谢邦平	发明公开
24	一种电石炉用观察孔组合砖	洛阳祝和实业有限公司	实用新型
25	一种电石生产工艺中电石炉电极控制方法	天辰化工有限公司；新疆天业（集团）有限公司	发明公开
26	法兰抱箍（绝缘短节专用）	魏育军	外观设计
27	电石炉出炉口防变形挡料墙	新疆中泰矿冶有限公司；新疆中泰化学股份有限公司	实用新型
28	一种电石锅模板自锁及解锁系统	哈尔滨博实自动化股份有限公司	发明授权
29	一种基于磁场扫描技术的电石炉电极位置检测装置	西北工业大学	发明公开
30	一种电石砣吊装吊具	中盐吉兰泰氯碱化工有限公司；中盐内蒙古化工股份有限公司	实用新型
31	一种熔融电石与液态金属辊系换热装置	陕西驭腾能源环保科技股份有限公司	实用新型
32	一种电石炉炉气的气水分离系统	中盐吉兰泰氯碱化工有限公司；中盐内蒙古化工股份有限公司	实用新型
33	一种电石出料卷扬机钢绳润滑装置	内蒙古鄂尔多斯电力冶金集团股份有限公司氯碱化工分公司	实用新型
34	具备激冷功能的电石炉烟道系统	新疆圣雄电石有限公司；中安咨询（广州）有限公司	发明公开
35	一种电石炉牵引钢丝自动润滑装置	内蒙古鄂尔多斯电力冶金集团股份有限公司氯碱化工分公司	实用新型
36	一种电石炉原料自动装置	内蒙古鄂尔多斯电力冶金集团股份有限公司氯碱化工分公司	实用新型
37	下料管密封砖（绝缘）	洛阳祝和实业有限公司	外观设计
38	电石炉护屏悬挂装置	新疆圣雄电石有限公司；新疆中泰化学股份有限公司	实用新型
39	一种电石炉炉眼烧穿器碳棒夹持装置	新疆金晖兆丰能源股份有限公司	实用新型
40	一种双梁天车钢丝绳防摆装置	内蒙古鄂尔多斯电力冶金集团股份有限公司	实用新型
41	一种焦炉尾气及电石炉尾气制甲醇联产制氢工艺	内蒙古君正化工有限责任公司；内蒙古君正氯碱化工技术研究院	发明公开
42	一种适用于电石粉尘输送的旋转阀	安徽天辰化工股份有限公司	实用新型

续表

序号	专利名称	申请人	类型
43	一种用于电石炉大力缸的支撑装置	新疆金晖兆丰能源股份有限公司	实用新型
44	一种低品质兰炭尾气和密闭电石炉气化学链制氢载氧体及其制备方法和应用	西北大学	发明公开
45	电石荒气排放系统	陕西煤业化工集团神木电化发展有限公司	实用新型
46	一种电石生产用节能型兰炭烘干装置	宁夏锦华化工有限公司	实用新型
47	一种电石炉的炉体结构	中盐吉兰泰氯碱化工有限公司；中盐内蒙古化工股份有限公司	实用新型
48	一种电石转运车组驱动装置	浙江嵊润机械有限公司	发明公开
49	一种采用电石净化灰制备的复合脱硫脱硝剂及方法和应用	陕西煤业化工技术研究院有限责任公司	发明公开
50	一种电石生产冷却用的能量综合利用装置	合肥合意环保科技工程有限公司	发明授权
51	一种利用循环流化床技术处置电石行业固废的工艺及设备	北京航化节能环保技术有限公司	发明公开
52	一种电石余热回收利用装置	南京工业大学；中盐吉兰泰氯碱化工有限公司	发明公开
53	一种用于电石炉电极糊柱自动测量方法	宁夏岩鑫冶炼有限公司	发明公开
54	一种具有可调式螺旋板的螺旋喂料机	新疆中泰化学托克逊能化有限公司；新疆中泰化学股份有限公司	实用新型
55	一种电石坨余热回收系统	中盐吉兰泰氯碱化工有限公司；南京工业大学	发明公开
56	一种熔融电石余热回收系统及方法	陕西驭腾能源环保科技股份有限公司	发明公开
57	电石锅锅耳无动力自动开闭装置	新疆中泰矿冶有限公司；新疆中泰化学股份有限公司	发明公开
58	一种高温熔融电石的余热回收装置及方法	陕西驭腾能源环保科技股份有限公司	发明公开
59	一种高碳原料制乙炔系统	北京清创晋华科技有限公司	实用新型
60	一种高性能电石卸料机构	浙江嵊润机械有限公司	发明公开
61	一种由碳化钙和无定形碳低温合成石墨的方法	长江大学	发明授权
62	一种电石液成型耦合制备高还原势气体的系统及方法	北京科技大学	发明授权
63	电石炉智能巡检机器人	新疆圣雄电石有限公司；新疆中泰化学股份有限公司	实用新型
64	一种除尘灰杂物自动过滤清理装置	乌海中联化工有限公司	实用新型

续表

序号	专利名称	申请人	类型
65	一种电石炉卷扬机改进结构	新疆金晖兆丰能源股份有限公司	实用新型
66	保护瓦（绝缘高强耐侵蚀）	洛阳祝和实业有限公司	外观设计
67	一种电石锅自动切换方法、装置、设备及存储介质	四川富尔曼科技有限公司	发明公开
68	料柱套（绝缘）	洛阳祝和实业有限公司	外观设计
69	电石块料筛分机	内蒙古科德化工有限公司	实用新型
70	一种具有拉渣功能的电石炉开堵眼机	神木市科达矿冶设备有限责任公司	实用新型
71	一种高温烟气余热回收制取过热蒸汽发电系统	内蒙古东润绿能科技有限公司	实用新型
72	一种用于巡检电石炉的轨道机器人	陕西投资集团创新技术研究院有限公司；神木市电石集团能源发展有限责任公司；西安未北电子信息技术有限公司	实用新型
73	电石炉用除尘装置	湖南蓝伯化工有限责任公司	实用新型
74	绝缘垫（耐高温）	洛阳祝和实业有限公司	外观设计
75	一种制氢联产电石系统及方法	哈尔滨工业大学	发明公开
76	一种净气排空自动点火远程检修装置	乌海中联化工有限公司	实用新型
77	一种电石炉循环冷却水分水器水量控制结构	内蒙古君正化工有限责任公司	实用新型
78	一种电石生产方法和生产系统	北京绿清科技有限公司	发明授权
79	电石烟气脱硝系统	陕西煤业化工集团神木电化发展有限公司	实用新型
80	电石炉尾气净化系统	宁夏金昱元资源再生有限公司	实用新型
81	一种电石炉分体式称量斗	新疆金晖兆丰能源股份有限公司	实用新型
82	熔融态电石的显热余热回收装置与方法	江苏东九重工股份有限公司	发明公开
83	一种电石炉尾气热量利用装置	新疆金晖兆丰能源股份有限公司	实用新型
84	一种新型电石炉净化装置	乌海中联化工有限公司	实用新型
85	电石炉下料嘴	北京绿清科技有限公司	实用新型
86	一种余热回收系统及其运行方法	山西碳中和战略创新研究院有限公司；清华大学；北京未来蓝天技术有限公司	发明公开
87	电石炉烧穿器母线连接板	新疆中泰矿冶有限公司；新疆中泰化学股份有限公司	实用新型
88	一种电石储存装置	合肥合意环保科技工程有限公司	实用新型

序号	专利名称	申请人	类型
89	一种电石灰再利用的装置和方法	邓斌峰；山西路桥第一工程有限公司	发明公开
90	电石有毒可燃气体检测控制系统	陕西煤业化工集团神木电化发展有限公司	实用新型
91	一种电石炉尾气负压干法净化装置及其净化方法	江苏益辉节能环保有限公司	发明公开
92	链带式电石造粒余热回收系统	江苏联储能源科技有限公司	发明公开
93	电石炉净化系统风机监测控制系统	陕西煤业化工集团神木电化发展有限公司	实用新型
94	一种电石工厂废气及余热回收利用的方式	鄂尔多斯市君正能源化工有限公司	发明公开
95	电石锅专用单抱钳	新疆中泰集团工程有限公司	实用新型
96	一种电石炉炉盖用水冷机构	石嘴山市鹏盛化工有限公司	实用新型
97	热量回收电石渣制备氧化钙球的装置	新疆圣雄电石有限公司；新疆中泰化学股份有限公司	实用新型
98	电石炉吹氧管连接件	新疆圣雄电石有限公司；新疆中泰化学股份有限公司	实用新型
99	电石液输送装置	盾石磁能科技有限责任公司	实用新型
100	熔融电石冷却系统	盾石磁能科技有限责任公司	实用新型
101	一种电石炉净化灰的压球处理系统	乌海中联化工有限公司	实用新型
102	一种电石生产冷却用的能量综合利用装置	合肥合意环保科技工程有限公司	发明公开
103	一种电石炉炉气监测分析装置	新疆金晖兆丰能源股份有限公司	实用新型
104	电石炉原料分配装置	新疆中泰矿冶有限公司；新疆中泰化学股份有限公司	实用新型
105	一种电石用抓抱钳	新疆中泰集团工程有限公司	发明公开
106	一种高碳原料制乙炔系统	北京清创晋华科技有限公司	发明公开
107	一种使用行车盖篷布的装置	新疆金晖兆丰能源股份有限公司	实用新型
108	一种负载自卸式装载钳	新疆中泰集团工程有限公司	实用新型
109	电石炉直排烟道降尘装置	新疆中泰矿冶有限公司；新疆中泰化学股份有限公司	实用新型
110	一种电石块重型链板输送下仓集料输送系统	江苏中吴环境工程设计研究集团有限公司	发明公开
111	电石炉氮气回收系统	陕西煤业化工集团神木电化发展有限公司	实用新型
112	电石炉水冷护屏	新疆中泰矿冶有限公司；新疆中泰化学股份有限公司	实用新型

序号	专利名称	申请人	类型
113	一种节能电石炉	湖南蓝伯化工有限责任公司	实用新型
114	一种电石生产方法和生产系统	北京绿清科技有限公司	发明公开
115	电石炉烟道降温装置	湖南蓝伯化工有限责任公司	实用新型
116	一种电石自动化出炉系统	新疆化工设计研究院有限责任公司	发明公开
117	一种用于电石炉气热能回收的炉气利用系统	新疆化工设计研究院有限责任公司	发明公开
118	一种电石炉循环水管防漏及监测装置	内蒙古鄂尔多斯电力冶金集团股份有限公司氯碱化工分公司	实用新型
119	一种用于电石炉下料口的插板阀	新疆金晖兆丰能源股份有限公司	实用新型
120	一种用于电石炉的布袋除尘净化装置	陕西北元化工集团股份有限公司	实用新型
121	一种电石炉尾气回收再利用装置及其回收方法	江苏益辉节能环保有限公司	发明公开
122	一种基于智能移动机器人的电石成品转运工艺	哈尔滨博实自动化股份有限公司	发明公开
123	一种电解制备碳化钙的方法	武汉大学	发明公开
124	电石炉出炉备锅小车自动连接装置	新疆中泰矿冶有限公司；新疆中泰化学股份有限公司	实用新型
125	一种基于机器人的电石循环接料、转运及冷却工艺方法	哈尔滨博实自动化股份有限公司	发明公开
126	电石炉电极升降控制系统	陕西煤业化工集团神木电化发展有限公司	实用新型
127	一种出炉除尘风机与出炉口风门联锁的结构	陕西煤业化工集团神木电化发展有限公司	实用新型
128	一种电石炉卷扬机	青海宜化化工有限责任公司	实用新型
129	一种校称装置	内蒙古同为通泰电气有限公司	实用新型
130	一种能够提高电石灰焚烧效果的锅炉系统	上海工业锅炉（无锡）有限公司	实用新型
131	一种液态电石余热的回收利用方法	陕西煤业化工技术研究院有限责任公司	发明公开
132	熔融电石热量回收系统	盾石磁能科技有限责任公司	发明公开
133	一种电石炉尾气除尘灰输送装置	陕西煤业化工集团神木能源发展有限公司	实用新型
134	一种氧化钙的制备方法及其应用	中国科学院过程工程研究所	发明公开
135	一种机械手钎子自动搬运装置	乌海中联化工有限公司	实用新型

参考文献

[1] 熊谟远. 电石生产及其深加工产品. 北京: 化学工业出版社, 2001.

[2] 胡永全、朱振林、胡清. 石灰氮及其衍生物. 北京: 化学工业出版社, 2007.

[3] 熊谟远, 岳宏亮. 电石生产加工与产品开发利用及污染防治整改新技术新工艺实用手册. 北京: 化学工业出版社, 2005.

[4] 中国电石工业协会. 电石及下游产业可持续发展技术及政策研究. 2011.

[5] 中国石油和化学工业联合会. 中国石油和化工经济数据快报. 2024.

[6] 中国石油和化学工业联合会. 石油和化学工业"十四五"发展指南. 2021.

[7] 中国氯碱工业协会. 氯碱行业"十四五"规划. 2021.

[8] 中国电石工业协会. 电石行业"十四五"发展指南. 2021.

[9] 中国电石工业协会. 2024电石行业研究报告及未来展望.

[10] 中国电石工业协会. 纪念中国电石工业协会成立30周年征文集. 2023.

[11] 中国石油和化学工业联合会. 铿锵脚步——新中国成立70周年石油和化学工业发展纪实. 2019.